INTERVENCIÓN Pastoral en Situaciones de CRISIS

HUGO E. SERRANO ARROYO, J.D.Ph.D.
Pastor

INTERVENCIÓN PASTORAL EN SITUACIONES
DE CRISIS
Hugo E. Serrano Arroyo J.D.Ph.D., 2009
Primera Edición
Caguas, Puerto Rico
Registrado legalmente.
 Por Hugo E. Serrano Arroyo J.D.Ph.D
 Todos los Derechos Reservados
ISBN 978-1-4276-3880-9

Tipografía, concepto y diseño gráfico de la portada:
Keila Del Valle Vergara, G.D., B.D.
Optimus Graphics

Impresión del libro:
Extreme Graphics
Naguabo, Puerto Rico

Queda rigurosamente prohibida, sin la autorización escrita de los titulares del Copyright, bajo las sanciones establecidas por las leyes, la reproducción parcial o total de esta obra por cualquier medio o procedimiento, comprendidos la reprografía y el tratamiento informático, y la distribución de ejemplares mediante alquiler o préstamos públicos.

DEDICATORIA

Dedico este libro a mi mentor y colega el Dr. Roberto Amparo Rivera, quien siempre me motivó a escribir libros de Consejería Pastoral y quien en mis primeros días profesionales en que estaba excesivamente vehemente, me sirvió de Consejero Personal y me ayudó a tomar una meta positiva de crecimiento y compromiso con mi vida.

AGRADECIMIENTO

Quiero agradecer la ayuda inolvidable de la Profesora Universitaria Loida Rodríguez, quien compiló, corrigió y reseñó las notas de mi libro. Su compromiso más allá del deber, deseo que sea recordado por los lectores de este libro. El agradecimiento de mi esposa y de este servidor será para siempre.

INDICE

Notas sobre el autor.. iii

Prólogo.. v

El lado oscuro de la mente................................. Capítulo I   3

Principios básicos... Capítulo II   21

El maltrato de menores...................................... Capítulo III   31

El divorcio, la tensión emocional
y los mecanismos de defensa............................. Capítulo IV   45

La depresión, el suicidio y la prevención de crisis....... Capítulo V   55

Fronteras con la enfermedad mental.................... Capítulo VI   75

El mundo de la insanidad mental........................ Capítulo VII   89

Familia, felicidad y evangelio............................. Capítulo VIII 107

Los niveles del dolor... Capítulo IX   123

Higiene y salud mental....................................... Capítulo X   143

Bibliografía... 159

Reacciones.. 163

NOTAS SOBRE EL AUTOR

El Dr. Hugo Ernesto Serrano Arroyo, es un distinguido Obispo de la Iglesia de Dios. Fue uno de los discípulos amados de los distinguidos educadores de nivel mundial, el Lcdo. Jaime Benítez Rexach; quien fungió como Presidente de la U.P.R. y que lo ayudó a desarrollar como un profesional de gran envergadura y el Dr. Friedman, quien siendo uno de los mejores Sicoanalistas del mundo; lo tomó como su estudiante predilecto y le sirvió de Mentor Profesional.

Está casado con Doña Petra Vergara Sánchez, quien ha sido su única esposa a través de su larga vida productiva y quien es según él su crítica más severa. Sobre él su familia nos dice que el secreto de su victoria es su disciplina absoluta y el compromiso con los proyectos que emprende.

Se graduó con altos honores de la U.P.R., tanto como de la Universidad de Barcelona. Completó su grado de Juris Doctor así como el de Doctor en Ciencias de la Conducta con especialidad en Sicoanálisis. Fue Vicepresidente de administración de la Cooperativa de Seguros Múltiples de Puerto Rico, donde hizo un trabajo memorable en esa Cultura Corporativa.

Por su formación el Dr. Serrano es una mezcla única de teólogo, humanista y sicoanalista formidable. Dos de sus lecturas: Políticas de Recursos Humanos en Empresas de Vanguardia y Ética para Tiempos de Crisis; se consideran lecturas obligatorias en el ramo de la Administración de Recursos Humanos. Uno de sus mensajes proféticos sobre Puerto Rico más de 30 años atrás: Puerto Rico Barco de Lujo que Naufraga, está considerado como uno de los sermones más importantes de los años 70 sobre el futuro de PR.

Fue distinguido con el Premio Manuel Laborde y con el Premio Lifetime Achievement Award por sus colegas en la Administración de Recursos

Humanos. El lector puede ver entonces el enorme grado y pedestal de consideración que le tienen los estudiosos del ramo. En ese campo está considerado una verdadera autoridad y funge hoy en día como asesor de diferentes empresas. Orador increíble.

Entre sus publicaciones están: Confrontación, Políticas de Recursos Humanos para Empresas de Vanguardia, Ética para Tiempos de Crisis, Amanecer de un Nuevo Día y Éxito a la Vuelta de la Esquina; entre otros. Esta última publicación Intervención Pastoral en situaciones de Crisis, estamos seguros de que se convertirá en un libro extraordinario para Pastores y Líderes, y está siendo evaluado como libro de texto de Universidades de la Florida y California; donde envió el libro en preliminar.

Abandonó su carrera profesional de Abogado y Sicoanalista, luego de su terrible encuentro personal con Cristo. Desde ese momento se convirtió en uno de los Pastores más notables en Puerto Rico. Su especialidad consiste en tomar Iglesias destruidas y subdesarrolladas y llevarlas a niveles increíbles de desarrollo y prosperidad. Pocas veces está más de 5 años en una Iglesia, ya que dice es tiempo suficiente para llevarlos a su nivel normal de crecimiento.

El Dr. Serrano es un Pastor que marca las Iglesias. Sus feligreses aún después de él abandonar sus Iglesias, reconocen que su Mentor ejerció una influencia respetable en sus vidas. Aún sus amigos le reconocen como un amigo sincero y leal.

Su Pastorado actual lo ejerce en la Iglesia de Dios Tabernáculo del Consolador, donde mantiene grandes proyectos de crecimiento y desarrollo tanto material como espiritual.

Josué González Estrella
Profesor Emérito
UCIA

PRÓLOGO

Solo unas notas para hablar del libro Intervención Pastoral en Situaciones de Crisis. Este libro se escribió obviamente para convertirlo en libro de texto. Es un libro para Pastores y Lideres Cristianos. En ocasiones resulta conmovedor, a pesar de que su autor se ha esmerado en simplificar especialmente sus casos personales para evitar que se conmuevan los lectores. El objetivo es enseñar y no afectar emocionalmente. Estas conferencias en vivo, especialmente el Capítulo uno y el Capítulo Nueve son memorables para cualquier persona que los haya escuchado personalmente, dictados por el Profesor Serrano. Todos los casos y anecdotas son experiencias personales del autor a través de su carrera como consejero pastoral.

No debemos confundir este libro con un libro de Ciencia o Medcina. Ese no es el propósito. En esos casos, el autor quiere informar elementos indispensables y básicos. Este es un libro netamente de Consejería Pastoral. Ilustra nociones fundamentales de sicoanálisis para Ministros. También lo hace sobre nociones absolutamente necesarias y básicas de medicina siquiátrica, pero en mi opinión profesional es una obra maestra de modificación de conducta. Si un Pastor lee este libro cuidadosamente por lo menos diez veces, aprenderá a intervenir en situaciones de crisis. Se convertirá además en un tremendo Recurso Pastoral.

El Libro hay que leerlo en tres niveles. El primer nivel es el de aprendizaje. En ese se conocerán cosas que todo Consejero Pastoral o Líder debe saber. El segundo nivel es el de nociones básicas de Consejería y Modificación de Conducta. En ese nivel se comunican elementos imprescindibles de modificación de conducta en forma aplicada para que un pastor sepa cómo enfrentar un caso de consejería. Pero en el tercer nivel está el maestro en su sentido amplio de la palabra, de la sensibilidad humanista, la percepción sicoanalista y el quehacer teológico. En esa fusión de elementos el Dr. Serrano representa una Escuela de Pensamiento. Dentro de ese proyecto de pensamiento ha recibido ofertas muy poderosas, tanto de Universidades especialmente Teológicas y de Consejería, como de Iglesias, de sana doctrina como de doctrina menos sana. A todas esas tentaciones, nuestro autor se ha resistido en forma asombrosa.

Cuando usted termine de leer este libro se dará cuenta de que es un libro extraordinario, que representa una Escuela de Pensamiento adelantado a su época. Cuando los estudiosos de Biblia creen en el purismo, surgen escritores como nuestro autor con una fusión de ideas sensibles con la Biblia de Norte. El resultado es maravilloso. Nos enseña que los conceptos profesionales no están reñidos con los conceptos Bíblicos. Siendo igualmente un estudioso de la historia. Este libro resulta entonces una fusión de campos educativos que usted puede estar a favor o en contra. Sin embargo, estoy seguro que concluirá conmigo, que es un trabajo monumental de Consejería Pastoral.

Josué González Estrella
Profesor Emérito
UCIA

Intervención Pastoral en Situaciones de Crisis

Capítulo 1
EL LADO OSCURO DE LA MENTE

Capítulo 1

EL LADO OSCURO DE LA MENTE

La Biblia, la palabra de Dios, contiene historias de situaciones profundas relacionadas con el fenómeno del inconsciente o el lado oscuro de la mente humana. Muchos de sus protagonistas, hombres escogidos por Dios, nos han sorprendido con actuaciones inesperadas que los han sumergido en serios estados de crisis. En ese proceso han experimentado confusión, desasosiego, desorientación, desesperanza; se han confrontado consigo mismo, con otros y con su Creador. Han sido víctimas del lado oscuro de la mente. Este lado oscuro es una porción de la mente que guarda deseos, pensamientos, fantasías, e ideas y el ser humano no se da cuenta de su contenido.

Conocer y entender los conceptos relacionados al funcionamiento de este lado de la mente humana permitirá a los profesionales de ayuda y a los pastores y líderes de iglesias cristianas adquirir nuevas herramientas para auxiliar a los feligreses y a otras personas de la comunidad. Discutiré los principios básicos sobre la manifestación del lado oscuro de la mente, los tipos de brotes comunes de insanidad y las herramientas básicas que nos ayudarían a auxiliar con efectividad a nuestros hermanos y a otros individuos.

Es importante destacar que la iglesia de Jesucristo no está exenta de que sus feligreses puedan sufrir de una sorpresiva manifestación del lado oscuro de la mente. La Biblia contiene varias narrativas de personajes históricos que eran fieles a Dios y asombrosamente cometieron actos que contradijeron su vida ejemplar. Una de estas narrativas bíblicas es la de David, un hombre conforme al corazón de Dios.

En su adolescencia, Jehová lo escoge y mediante el profeta Samuel, lo unge para ser rey de Israel. (1 Samuel 16:1-13). David era el campeón de Dios, el pastor modelo de ovejas, el guerrero maravilloso que se enfrentó a Goliat, el amigo inseparable de Jonatán. Sin embargo, experimentó el fracaso dominado por el lado oscuro de su mente. En su adultez, cuando ya ejercía sus deberes de rey, miró la hermosura de Betsabé, la mujer de Urías. La codició, la poseyó y la embarazó. Para ocultar su pecado planificó varias artimañas contra el esposo. Finalmente da órdenes para que éste muera en el frente de batalla (2 Samuel 11).

Jehová confronta a David con su conciencia y con su pecado (2 Samuel 12). Le envía un mensajero llamado Natán quien le relata una fábula: un hombre rico, quien poseía un vasto ganado, le roba la única oveja a un hombre pobre. David reconoce su pecado y se arrepiente. Posiblemente ni él mismo pensó que era capaz de un pecado así.

Otro ejemplo bíblico, dramáticamente distinto al de David, es el de Ezequías. Éste sufre de una enfermedad mortal y Dios le envía al profeta Isaías para confirmarle que morirá. Ezequías le implora a Dios misericordia y que evalúe toda su vida: su proceder, su andar, su corazón. Los acontecimientos ocurren de la siguiente manera: *"Ezequías volvió su rostro a la pared y oró a Jehová y dijo: Te ruego, oh Jehová, te ruego que hagas memoria de que he andado delante de ti en verdad y con íntegro corazón y que he hecho las cosas que te agradan. Y lloró Ezequías con gran lloro. Y antes de que Isaías saliese hasta la mitad del patio, vino la palabra de Jehová a Isaías, diciendo: Vuelve y di a Ezequías, príncipe de mi pueblo: Así dice Jehová, el Dios de David tu padre: Yo he oído tu oración y he visto tus lágrimas; he aquí que yo te sano... (2 Reyes 20: 1-11)"*

Este ejemplo nos dirige hacia los dos lados de la mente humana:

el oscuro y el claro. Ezequías le pide a Dios que examine el lado oscuro de su mente. Éste es el sitio que sólo Dios conoce completamente. Dios examina ambos lados. Finalmente, Dios confirma la verdad reclamada por este siervo. Jehová Dios le da la contraorden a Isaías y le aumenta a Ezequías los días sobre la tierra.

En la actualidad, identificamos y tratamos casos similares a los de la narrativa bíblica. Nos servirá de ejemplo un capitán condecorado con la estrella de bronce, que atendí en mi oficina. Llegó con su esposa. Lo traían amarrado porque quería suicidarse. Estaba perturbado por el comportamiento inesperado que le había sucedido dos días antes. Había asistido a una fiesta y, después de beberse cuatro tragos, le salió el lado oscuro de su mente. Bajo los efectos del alcohol, besó a su compadre y se revelaron sus tendencias homosexuales. Durante un año fue mi paciente. Decidió abandonar la bebida y aceptó el evangelio. Descubrimos que en su niñez y en su temprana juventud había sido violado. Las situaciones en estos tres casos, pertenecientes a distintos contextos, tuvieron un desenlace esperanzador. Dependió del nivel de crisis o de insanidad en el que se encontraba el individuo y de la pronta intervención de ayuda para la prognosis de los casos.

Conocimientos Teóricos

Las primeras manifestaciones patológicas de insanidad mental y de locura provienen del inconsciente. Estas manifestaciones se pueden definir como materiales desorganizados que salen a torrentes del inconsciente al consciente. Una persona afectada pudiera comunicarle su desbalance emocional a una persona de confianza. En esta etapa es posible que el afectado no esté totalmente enfermo y que haya esperanza de recuperación.

Nosotros, los pastores, debemos estar alertas y conscientes de cómo trabaja la mente humana para ser mediadores y auxiliadores de nuestros hermanos. Dos de las primeras manifestaciones de desorganización mental se conocen como "Borderline Disorder" y "Burn Out" (Síndrome de Quemazón). (Lo discutiremos más adelante en capítulos separados y detenidamente).

El "Borderline Disorder" es una crisis que surge de un día para otro y podría incluir brotes patológicos. El "Borderline" es el primero y más importante de los diagnósticos reportados en el libro de diagnósticos de la conducta. Es un torrente de información y agresividad que viene del inconsciente al consciente con todos los elementos de locura presentes. Existen otros brotes de diferentes fuentes, por ejemplo: una joven que fue violada y se va a casar cae en crisis cuando se avecina el momento de la boda. La cancela una hora antes de la celebración; llora descontroladamente. La madre, ante tal situación, llama al sicoanalista. La joven confiesa que había sido violada, el trauma ha causado un brote. El sicoanalista la convence que se hable con el novio; finalmente se casan. Con todo y tratamiento terapéutico, el matrimonio tarda varios meses en consumarse.

Este caso es un buen ejemplo de un llamado brote, frontera con la insanidad mental, de un brote patológico, en una etapa incipiente. En cualquier brote de este tipo la persona afectada tiene los primeros síntomas de un proceso crítico que puede culminar en la insanidad mental, si no recibe tratamiento. Cuando esa invasión de deseos, de pensamientos, de fantasías del inconsciente se manifiesta desproporcionadamente, todavía la persona no ha llegado a un final de locura total. Con un buen diagnóstico y tratamiento breve, efectivo e inteligente, un psiquiatra puede identificar lo que ha pasado. En menos de quince a treinta días puede remitir esos daños.

¿Cuál es el material que guarda el inconsciente?

El inconsciente guarda las cosas que la persona quiere olvidar. Por ejemplo, un pastor cristiano le hace algo doloroso a un feligrés. La experiencia le pasa al inconsciente donde tiene su maleta. Ésta se define como aquellas acumulaciones en el inconsciente de experiencias negativas y positivas de la niñez y temprana adultez que moldean nuestro carácter. Allí se acumulan las malas experiencias hasta que un día el feligrés sufre un brote. Éste abre su maleta y empieza a vociferar lo que guarda. Frente a la congregación dice lo que piensa de ese pastor.

Las enfermedades mentales y las fisiológicas se reconocen por sus síntomas. Cuando un paciente diabético tiene el nivel de azúcar alto, bebe mucha agua, orina frecuentemente, se comporta con agresividad y confusión. Éste puede sufrir hasta un ataque al corazón o un derrame cerebral. Estos síntomas se controlan con medicamentos y la persona regresa a la normalidad.

Cuando se padece de una enfermedad mental existe un desbalance químico parcial o permanente. La persona puede mejorar con medicinas. Pero cuando el brote es recurrente, el paciente pudiera sufrir de una esquizofrenia y sumergirse en el mundo de la insanidad mental. Ésta puede ser tratada con éxito parcial mediante una técnica moderna que se llama Rotación de Medicamentos. Al paciente se le rotan o se le van cambiando los medicamentos hasta que se identifica cuál es el químico en desbalance que produce el desorden de conducta.

Manifestaciones de Fundición

Las presiones diarias o el "stress" producto de problemas con la familia, la pareja, los hijos, con personas de la iglesia, de la comunidad y del trabajo provocan en los individuos un desbalance químico conocido como el Síndrome de la Quemazón o "Burn Out". Este síndrome puede afectar a los pastores debido a la gran cantidad de tareas y responsabilidades de su labor. Con el fin de identificar en los pacientes los síntomas de "Stress", los médicos les realizan un estudio en las máquinas conocidas como "Bio Feedback".

Principios sicológicos para el ministro

Todos los seres humanos tenemos una maleta en nuestro inconsciente. Debemos aprender a conocerla. Cuando nos preguntamos: ¿Quién soy? ¿Cuáles son mis metas en la vida? ¿De dónde Dios me levantó? ¿Cómo Dios me ha sanado?, estamos auscultando en nuestra maleta. Los profesionales de ayuda, los pastores y líderes de iglesias, deben saber que las experiencias de la vida del paciente, del feligrés y del ciudadano forman el contenido de la maleta que se evalúa. Para auxiliar a otros a estar sanos es fundamental que el pastor, consejero, líder o profesional de ayuda, trabaje con su propia maleta.

Veamos un ejemplo de uno de los aspectos que debemos conocer e identificar para ser efectivos como profesionales de ayuda. En el 2000, estaba dictando una conferencia sobre el contenido de la maleta y el tema de los hijos no deseados. Una mujer cristiana que era una líder mundial, se afectó dramáticamente. Comenzó a gritar y se abrazó a mí para susurrarme en el oído que odiaba a su madre. Supe que le había salido un área de su maleta. Decidimos ofrecer un receso para calmar el estado de ánimo que se generó. Cuando terminó la actividad, le ofrecí ayuda. Manifestó que su niñez fue horrible, pues su madre no la había deseado. Nos comunicamos con la madre y ésta le pidió perdón por medio del teléfono. Este acto produjo calma en la mujer. Un buen líder debe sanar las heridas del rechazo y un pastor, que personalmente ha manejado su vida, debe estar presto para identificar y mediar estos casos.

Los pastores debemos relacionarnos con la variedad de ambientes de nuestros feligreses. Los contextos heterogéneos de los individuos, ya sean de la ciudad o de la zona rural (áreas de clase alta, media o baja), influyen en sus costumbres, expectativas y aspiraciones. Debemos comprender que la motivación y la paciencia son prácticas que ayudan a los hermanos a lograr la milla adicional.

Otras áreas de la vida humana que se afectan y requieren sanación son las memorias y los recuerdos. Las experiencias negativas son producto de la crianza sin amor, de los maltratos recibidos y del tipo de educación que nos ha forjado. Por ejemplo, un pastor se desvive por ayudar a un feligrés y nunca recibe de éste un "Feedback" o retroalimentación, que muestre un signo de agradecimiento. El pastor debe saber identificar la memoria herida de este miembro. Ha sufrido tanto que no le nace ser agradecido. El reconocimiento de esta situación limitante es el inicio para sanar el recuerdo.

Las iglesias deben tener cuidado con las experiencias memorables negativas que fomentan entre sus miembros. Hace poco un joven llegó llorando a mi iglesia. Lo habían expulsado de otra por faltar dos veces consecutivas a la agrupación musical. En este caso, la falta cometida no era equivalente a la penalidad impuesta. Esto produjo una experiencia negativa en el joven. Tales experiencias son las que debemos tratar para lograr su correspondiente sanidad. Las iglesias deben ocuparse por producir experiencias positivas semejantes a las que Jesucristo predicó.

Los pastores y los líderes de iglesias cristianas deben amar a sus feligreses por encima de todos los obstáculos. En la iglesia hay personas que no recibieron una crianza impartida con amor y por tal razón no se desarrollaron sanamente. Es fundamental recibir amor de los padres. El niño amado valora la labor de los padres y se siente apoyado. Los pastores y los líderes deben ser ejemplos del amor de Jesucristo con todos sus feligreses para contribuir a suplir esa necesidad.

Hay otros miembros en las iglesias que se sienten rechazados porque han sido víctimas de algún tipo de maltrato. El maltrato puede comenzar en el vientre materno cuando la criatura no es deseada. Los niños que reciben atención en centros de cuido, a menudo sienten el abandono de sus padres. El maltrato infantil se empeora cuando estos centros están dirigidos por personas negligentes que ignoran las necesidades básicas de un infante, como cumplir con las horas programadas de la alimentación.

Cuando el niño pasa al ambiente escolar, se enfrenta con otra figura importante: el maestro. Los maestros que motivan a los estudiantes a esforzarse le fomentan la esperanza, el valor propio y le abren el espacio para la sanación de la autoestima. Un maestro en ocasiones fortalece una baja autoestima. La educación, como forjadora de valores, produce niños sanos, con aspiraciones valiosas y útiles para la comunidad. Los padres que apoyan las actividades de los niños producen experiencias memorables positivas. La iglesia que auspicia actividades forjadoras de valores, crea el ambiente para la restauración de la autoestima de los creyentes.

Los pastores sabemos que el hombre es un gigante hecho a la imagen y semejanza de Dios. Todo el mundo tiene habilidades y éstas no tienen que estar directamente relacionadas con la posesión de una inteligencia superior. Veamos un ejemplo: Germán era un joven de mi iglesia diagnosticado con retardación mental. Él se esforzaba y aprendía de memoria las contestaciones a preguntas fundamentales de las escrituras. Su capacidad de memorización era una habilidad que no la tenían otros hermanos con una inteligencia catalogada de superior. Los hermanos se asombraban de los resultados obtenidos.

Herramientas para enfrentarnos a los traumas y al maltrato

Los traumas sicológicos de los creyentes destruyen las iglesias cuando éstas eluden su responsabilidad como el más importante agente restaurador de Jesucristo. La iglesia y sus pastores deben aceptar a las mujeres y hombres traumatizados que llegan al evangelio y proveerles la ayuda necesaria. Las mujeres, jóvenes y niños violados; los deambulantes, presidiarios y desamparados; las viudas, madres y padres solteros; los desterrados y abandonados: los alcohólicos y adictos a drogas, entre otros, no los podemos marginar ni expulsar de nuestras iglesias. Ésta no es nuestra misión. Nuestra misión es predicar a Cristo y trabajar para que los nuevos y viejos creyentes se levanten con firmeza y renueven sus aspiraciones en la vida. La iglesia de Jesucristo sana los traumas y transforma las frustraciones en aspiraciones.

Una de las poderosas herramientas de la iglesia para la restauración del pueblo de Dios es la educación cristiana. Los pastores y líderes debemos incluir en nuestras enseñanzas orientación sobre cómo los miembros debemos actuar día a día con la familia. Es imprescindible que orientemos a los padres que para criar hijos sanos, fuertes y con una buena higiene mental es necesario dedicarles tiempo. La calidad y la cantidad de tiempo es la única fórmula para desarrollar un niño saludable. Los niños necesitan cariño. Para lograrlo, los padres deben estar presentes en la vida de los hijos. Al niño le gusta escuchar de sus padres: ¿Cómo te sientes? ¿Cómo pasaste el día? ¿Qué hiciste en la escuela? ¿Te pasa algo? ¿Almorzaste? Esta dinámica comunicativa desarrolla la confianza con los padres.

No sólo la presencia de los padres garantiza la calidad de la vida y la higiene mental de sus hijos. Creo que el problema más grande en la iglesia es la falta de higiene mental. Veamos un ejemplo: Una familia me llamó urgentemente porque tenía graves problemas de convivencia. Cuando llegué a la casa los esposos se habían peleado, pero estaban juntos viendo la novela de las siete de la noche. Los acompañaban el niño y la niña. Éstos estaban acostados en el piso junto a la perra de la familia; parecía un cuadro muy conmovedor. Cuando miro la novela y la escena que todos observaban, ésta era una de actos de fornicación, de adulterio y de agresiones. Me di cuenta que la falta de higiene y de salud mental arropaba aquella familia. Me senté junto a ellos y los confronté. Les pregunté lo siguiente: "*¿Ustedes no creen que las novelas les hacen daño a ustedes?*" Los padres contestaron: "*No, nosotros no estamos de acuerdo con eso pastor.*" Dolorosamente tuve que advertirles: "*Pues yo no respondo más a sus llamadas porque yo no puedo hacer nada por ustedes, mientras ustedes estén recibiendo esa clase de basura*". Al otro día los padres fueron a mi oficina. Entendieron que ellos se habían faltado el respeto. Reconocieron que la pelea la había provocado la escena de adulterio de la novela.

Mis experiencias me confirman que si los padres no dedican tiempo a la selección y control de toda la información que los hijos deben recibir, incluyendo la visual, no están abonando a la calidad de tiempo con sus hijos. La falta de higiene y salud mental es producto de la cantidad y calidad del tiempo que les dedicamos a nuestros hijos y familia. La iglesia realiza su función, pero sus miembros deben facilitarles a sus familias las condiciones favorables para el desarrollo de la buena higiene mental. Los padres deben seleccionar lo que la familia ve, estar pendientes de lo que sienten y de lo que viven.

No tenemos que ser perfectos. Nadie lo es. Todos tenemos algo de cuerdos y de locos. Esto es lo que nos impulsa a crear, a tener una visión y a hacer. El problema de muchas iglesias actuales es que no tienen visión ni aspiraciones y no se arriesgan. Los pastores debemos ser creyentes con metas. Veamos un ejemplo: Cuando una muchacha linda de la iglesia se hace novia de un joven que parece no tener aspiraciones, yo se lo indico de la siguiente manera: *"Lleva tu novio al lugar de donde lo sacaste, porque ese nene no parea contigo"*. Ella puede molestarse conmigo porque se lo digo con franqueza. En realidad, la estoy confrontando con su autoestima. Esa selección refleja las pocas aspiraciones producto de su baja estima. La iglesia con visión es el modelo y el ejemplo a seguir de un verdadero creyente y ciudadano. La iglesia debe ser ordenada en todos los aspectos.

La salud mental no nos destruye. Desde el punto de vista del sicoanálisis la retroalimentación es una herramienta necesaria en el desarrollo de la fortaleza del individuo. Por ejemplo: Si una joven creyente es bonita, pero nunca se lo han expresado, quizá un día descubramos, que ella se siente fea. De igual manera le podría pasar a un joven que es inteligente y en la iglesia nunca se le ha reconocido, porque no estamos aptos para reconocer la belleza externa, interna y los valores de un individuo. Soy testigo de un joven en mi iglesia que se creía feo y poco inteligente. Me dijo: *"Mire soy feo, soy gordo, no me veo bien, soy bruto. Mi abuela me lo dijo.* Yo le contesté: " *¿No será bruta tu abuela? Porque tú eres muy inteligente".* Así que decidí ponerlo a estudiar conmigo. En tres clases subió las notas.

¿Cómo usted le va a decir a su hijo o nieto que es bruto? Con esa declaración le produce un daño irreversible e irreparable. Recalco que los padres deben evaluar los valores trasmitidos a su familia. Los padres depresivos, con miedo e inseguridad les pasan esos temores a sus hijos. Es negativo repetirle a un hijo que es el causante del divorcio de sus padres. En el mundo de la conducta a esta situación se le llama condicionamiento.

Debemos aprender a identificar el momento apropiado para fomentar conductas positivas en los niños, especialmente, cuando éstos tienen una aspiración profesional. Por ejemplo: Si un niño dice: *"Quiero ser pastor".* Usted le advierte: *"Los pastores son gente muy seria, de palabra."* Si otro niño le dice: *"yo quiero ser doctor".* Usted debe decirle: *"Los médicos son muy sacrificados".* De esta manera usted les empieza a hablar a los niños para que vayan forjando los valores.

Los valores establecidos por los padres influyen en la actitud de obediencia de los hijos. Ambos son componentes esenciales para la unidad familiar. Obedecer es fundamental para triunfar en la vida. Muchos padres que imponen su autoridad no están dispuestos a obedecerla. De esta manera pierden la imagen de integridad y el respeto frente a los hijos. Este comportamiento también se manifiesta en otros escenarios como la iglesia. Si los miembros de la iglesia demuestran lealtad por su comunidad cristiana, la iglesia tendrá un funcionamiento vital. Si un miembro de la iglesia habla mal del pastor, producirá un daño irreparable a quien lo escuche. Todas las vivencias memorables e inmemorables se producen de manera semejante a ésta.

Si en la iglesia el pastor regaña fuertemente a un niño porque se sube al altar, le puede producir en su inconsciente una experiencia memorable negativa. Como sabemos las experiencias de la niñez temprana ayudan a moldear el carácter del niño, utilizamos una técnica sutil para que transforme la costumbre. Por ejemplo, le podemos decir: "mi amor éste es el altar". Busca a alguien que lo baje con amor, y luego serán testigos de que los niños corren para el altar, porque les gusta la iglesia. No hay nada más terrible que una niñez devastadora.

¿Cuántas iglesias una vez al año les celebran una buena fiesta a sus miembros? La iglesia es una comunidad terapéutica. Compartir con los feligreses es una forma de comunicación efectiva. Es una oportunidad para que los pastores les expresen su amor.

Existen traumas que dejan huellas permanentes. ¿Cómo aconseja un pastor o profesional de ayuda? En realidad el cliente le manifiesta al profesional lo que debe aconsejar. Empieza a contar su vida y de pronto relata un trauma. El consejero debe intervenir y comentarle: *"eso te puede estar afectando tu vida"*. Entonces el paciente puede contestar: *"yo creo que sí"*. Éste es un ejemplo de cómo se ofrece consejería moderna: consejos centrados en el cliente. El consejero tiene que ser bueno para escuchar y mantener silencio. Cuando el cliente se calla, entonces el profesional de ayuda habla.

Otro aspecto que afecta la vida de los niños y jóvenes son las frustraciones. Éstas producen un bloqueo en las metas de aquéllos y ni siquiera las comodidades económicas pueden suplir la alegría que se pierde. Cuando los padres comparten con los hijos y los llevan a pasear, fomentan el amor y el sentimiento de protección. Si los padres trabajan constantemente y no escuchan los problemas de sus hijos, crean en ellos una sensación de abandono. Los hijos empiezan a sentirse desligados de ellos. Entonces los padres se asombran cuando sus hijos comienzan a revelar algún tipo de trastorno o comportamiento extraño.

Los padres deben atender todas las llamadas de sus hijos. Veamos este ejemplo: Yo admiraba a mi maestro y jefe Don Edwin Quiñones Suárez. Su hija Windy lo llamaba al trabajo. Un día en una reunión en la compañía de Seguros Múltiples, Windy lo llamó y él me dejó a cargo de la reunión. Me dijo frente a todos: *"Doctor, usted se queda al frente de la reunión porque… ustedes comprenderán, mi hija no puede esperar, tiene un solo papá y soy yo, perdónenme, voy atender a mi hija"*. Qué tremendo ejemplo nos daba. Atienda a sus hijos especialmente durante la adolescencia, entre los diez a los catorce años no importa dónde usted se encuentre. Examine los juegos de tecnología que fomentan la violencia y la criminalidad. Visite la escuela del niño para conocer a sus amistades. Si su hijo engorda o rebaja o está agresivo, debe saber que éstos son signos de que algo grave le está ocurriendo. Prepare a su hijo para que desarrolle autonomía y la capacidad de ser dueño de sí mismo.

Es importante que el pastor o profesional de ayuda conozca las causas primarias y secundarias de los trastornos. La causa primaria la produce el propio trastorno. La secundaria es la que interviene para que se precipite el desajuste. Por ejemplo: Una joven cristiana con problemas reacciona peleando cuando el pastor le dice *"que te pasa a ti, que hablas mucho en el culto, tú no tienes disciplina"*. Este comentario se convierte en la causa precipitadora de la reacción negativa de la joven. Si el pastor accionara distinto y le dijera: *"mi amor, vamos a mi oficina, qué te pasa, tú no eres así, tú eres una niña buena"*, entonces ella le podría declarar los problemas que confronta y le pediría perdón.

Recientemente escribí un artículo sobre sanidad interior que se publicó en El Nuevo Día: *"aunque parezca increíble, la diferencia del ser humano interior y exterior es comparable sólo a la necesidad de ir de un lado del acantilado a otro sin la maravillosa creación de un puente"*. Miles de personas pueden parecer robustos por fuera, pero débiles en su interior: otros son muy débiles físicamente, pero según la palabra de Dios: *"son columnas labradas que sostienen la estructura del templo"*. Esta imagen representa lo que es la sanidad interior: luchar día y noche contra el inconsciente. Saber que cada elemento de la vida hace una diferencia, como lo es actuar con sinceridad y no con hipocresía. Cuando un individuo expresa lo que no siente, estamos frente al gran dilema de la hipocresía. La hipocresía se convierte en un sinónimo de la mentira y de la falta del respeto propio. Una vida espiritual profunda y transparente produce fortaleza interna y el respeto propio. Éste es la espina dorsal de la sanidad interior.

Desde el punto de vista cristiano, la sanidad interior alcanza su máxima expresión cuando nuestro carácter y nuestros actos son semejantes a los de Cristo. Jesús no acusa. No acusó a la mujer adúltera, sino que la perdonó con su palabra: *El que esté sin pecado arroje la primera piedra (Juan 8:7)*. Enfrentó las "maletas" de los que la acusaban. Jesús nos salva y sana todas las áreas de nuestra vida. En fin, la sanidad interior reflejará quienes somos realmente. Descubrir que no somos quienes parecemos ser es sinónimo de carencia de sanidad interior.

Dios le otorgó al hombre unas enormes responsabilidades: ser líder en el hogar, la necesidad de contribuir en el trabajo, en la iglesia, en el vecindario. La influencia que se ejerce sobre los demás depende del respeto propio. Otro poder que transforma las vidas y el entorno es el poder del perdón. Las experiencias fundamentales de la vida ocurren durante los primeros cinco años. Estas experiencias moldean nuestro carácter. Los padres no deben transmitir sus preocupaciones y problemas a los niños. Deben alimentar en ellos su formación emocional sana.

Tenemos la responsabilidad de examinar nuestra maleta. Examine su identidad, respétese a sí mismo, cumpla su palabra, sea compasivo, perdone y ayude a otros. Entonces, usted se habrá convertido en agente de la restauración de Cristo y su maleta sanará. Recuerde en el contenido de esa maleta está su vida, su ambiente, sus memorias, si fue un hijo deseado o no, si tuvo amor en la niñez, si fue o no maltratado, traumas, frustraciones, experiencias memorables positivas o negativas. En resumen enfrentarte a tu maleta te convierte en mejor pastor y mejor consejero.

Capítulo 2
PRINCIPIOS BÁSICOS

Capítulo 2

PRINCIPIOS BÁSICOS

Hace algunos años tuve un cliente llamado Raúl. Era un cirujano muy rico. Comenzó a recibir llamadas anónimas acerca de la aparente infidelidad de su esposa, una mujer ejemplar, miembro de una iglesia cristiana. Raúl se desorientó entonces decidió buscar ayuda profesional. Inmediatamente le aconsejé que no perdiera la credibilidad en su esposa. Él me manifestaba que no creía en esas acusaciones y no se imaginaba el motivo. Le aconsejé que contratara a un detective privado, quien logró descubrir la persona que realizaba las llamadas. Era un hombre esquizofrénico que había salido del Hospital de Psiquiatría con un extenso récord penal. Se dedicaba a destruir parejas felices. Le ofrecí consejería a este matrimonio y le expliqué a la esposa el porqué la habíamos investigado. Fue muy difícil lograr la restauración de la confianza entre los esposos. Hoy día son felices.

¿Cómo un consejero ayuda a un cliente que vive una experiencia semejante a ésta? ¿Qué conocimientos y habilidades debe poseer? Además del conocimiento teórico, los consejeros deben ser profesionales brillantes y hábiles. Hay varios principios fundamentales que deben conocer para poder ministrar efectivamente: 1) La felicidad no está ligada a las cosas materiales. La sociedad contemporánea enseña que necesitamos poseer dinero para ser felices. Sin embargo, ser rico no es sinónimo de felicidad y ser pobres no lo es de infelicidad.

La felicidad es un estado emocional. Para que un individuo sea feliz es necesario que logre una identidad propia y esté dispuesto a perdonarse y perdonar a otros. Podemos poseer todos los símbolos de estatus y ser infelices. El apego moderno a las cosas materiales, el abandono de la vida espiritual y la falta de valores familiares es la fuente primaria de las depresiones y de la infelicidad en las familias latinoamericanas.

2) La iglesia es una comunidad terapéutica. En la iglesia ganamos a nuestros amigos; compartimos con ellos constantemente porque celebramos juntos festividades, graduaciones y retiros espirituales. La iglesia es la comunidad donde se le ministra a la gente, se les aconseja y se les imparte amor filial.

3) El factor psicológico afecta el éxito del hombre. No estoy de acuerdo con que se clasifique a un niño de retardado mental porque ninguno lo es. Un niño puede ser pobre en una de las inteligencias múltiples y ser sobresaliente en otra. Quiza no se destaca su inteligencia lógica, pero sí la inteligencia musical o espacial. Cuando les administro las evaluaciones sicológicas a los niños, los padres se sorprenden de los resultados. Un buen consejero debe ayudar a descubrir cuáles son las inteligencias sobresalientes de un niño y ayudarlo para que desarrolle ese potencial. Debe conocer que el miedo, la depresión, el condicionamiento y todo lo que implica el factor psicológico del ser humano disminuyen sus posibilidades de desarrollo.

Dios hizo al hombre a su imagen y semejanza (Génesis 1:26) y le otorgó la oportunidad de poder elegir. Un famoso médico, amigo mío, nació en una familia paria de la India que trabajaba recogiendo excrementos. Una familia inglesa lo adoptó y actualmente es considerado uno de los hombres más destacados del mundo. Aunque su origen es sumamente humilde, ha llegado a ser un hombre extraordinario. No permita que sus circunstancias le priven la oportunidad de elegir.

Necesitamos saber elegir en la vida. Nuestras decisiones siempre serán un asunto de vida o muerte. Nuestro desarrollo y éxito dependen de cómo escojamos. Si escogemos mal, destruiremos nuestras vidas; pero si escogemos bien, la construiremos adecuadamente. La sociedad actual impone un sistema de elección inadecuado. El modelo de crianza se enfoca en crear líderes, no seguidores. Por tal razón hoy día todo el mundo decide ser empresario. Esto crea un desbalance de funciones, deberes y expectativas en la dinámica social y produce conductas negativas y delictivas.

La criminalidad es una conducta delictiva motivada entre otros factores, por el concepto de que el dinero y el poder son signos de felicidad. El criminal aprende un concepto distorsionado de la sociedad y selecciona mal. El resultado es nefasto para la comunidad, en Puerto Rico esta conducta se ha incrementado peligrosamente. En un mensaje que yo prediqué titulado *"Puerto Rico, barco que naufraga"*, hablaba de los actos criminales que se cometían en nuestra sociedad, como son los "Carjakings", entre otros. La gente que me escuchó me tildó de loco. Sin embargo, en 1992 me concedieron el premio Manuel Laborde por mis ejecutorias en la modificación de conducta en corporaciones. En ese homenaje se tocó los valientes señalamientos sobre la conducta puertorriqueña que había hecho. El homenaje validó mi teoría de que Puerto Rico era un barco de lujo que naufragaba.

Hay miles de personas que escogen la muerte en vez de la vida. El libro de Deuteronomio (30: 11-16; 19-20) nos alienta a escoger la vida para que disfrutemos de una vida abundante:

> *"Porque este mandamiento que yo te ordeno hoy no es demasiado difícil para ti ni está lejos. No está en el cielo para que digas: ¿Quién subirá por nosotros al cielo, y nos lo traerá y nos lo hará oír para que lo cumplamos?*

Ni está al otro lado del mar, para que digas: ¿Quién pasará por nosotros el mar, para que no los traiga y nos lo haga oír, a fin de que lo cumplamos? Porque muy cerca de ti está la palabra, en tu boca y en tu corazón, para que la cumplas. Mira, yo he puesto delante de ti hoy la vida y el bien, la muerte y el mal; porque yo te mando hoy que ames a Jehová tu Dios, que andes en sus caminos, y guardes sus mandamientos, sus estatutos y sus decretos, para que vivas y seas multiplicado, y Jehová tu Dios te bendiga en la tierra a la cual entras para tomar posesión de ella"..." A los cielos y a la tierra llamo por testigos hoy contra vosotros, que os he puesto delante la vida y la muerte, la bendición y la maldición; escoge, pues, la vida, para que vivas tú y tu descendencia". (RV).

Me llama la atención las jóvenes atractivas de la iglesia que se enamoran de jóvenes no cristianos. Ellas no reconocen que su mala elección es un juego de muerte. Cuando se escoge mal a la esposa o el esposo, el trabajo, la iglesia y los aspectos de la vida espiritual, siempre existe la posibilidad de que se viva, pero con infelicidad. Escoger mal implica maldición para la vida. Cuando seleccionamos bien, escogemos la vida. Toda decisión implica el ejercicio de unos principios. Ejercitar el libre albedrío es responsabilidad de cada individuo. El proceso de selección asegura la vida o la muerte.

Nuestros miedos y temores nos impiden tomar decisiones. El típico mecanismo de defensa del temor se oculta en la siguiente expresión: *"no hay problemas, surgirán nuevas oportunidades más adelante"*. Esta manera de manejar las decisiones no es acertada ni saludable. ¿Cómo sabes que surgirán oportunidades? Atendía una preciosa paciente que había vivido muchos fracasos amorosos; le presenté a un joven que estaba estudiando medicina y les planifiqué una cita. Se enamoraron. A los tres meses él iba a continuar sus estudios especializados; ella se deprimió debido a su experiencia de fracasos. La situación empeoró porque el padre de ella no quería que se casaran tan pronto. Lo confronté con autoridad y finalmente la pareja se casó. Procrearon dos niñas y él es un prominente cirujano. Esta pareja supo escoger para su bendición. Escoger para bendición es pensar en igualdad de propósitos. Muchas de las historias terribles que ocurren son producto de decisiones equivocadas. Un indicador que identifica a un buen hombre y a una buena mujer es el comportamiento y el trato ejemplar que les ofrecen a su familia, especialmente a sus padres.

La capacidad del ser humano es casi ilimitada. Analicemos el ejemplo de Germán: La iglesia cristiana ubicada en el sector de El Señorial en Guaynabo, Puerto Rico, me solicitó que examinara sicológicamente a Germán. Los resultados revelaron que en el área del juicio padecía de retardación, mientras que en las destrezas manuales obtuvo una puntuación de notable. Demostró habilidad para memorizar no para explicar. Contestaba de memoria las preguntas que los demás miembros de la iglesia no recordaban ni sabían. Le recomendamos que estudiara pintura en la Escuela de Artes Plásticas de Puerto Rico.

Todos tenemos habilidades extraordinarias. Estuve dirigiendo un proyecto junto al grupo financiero Blanco en la República Dominicana. Repartimos diez carritos de vender mantecados a niños de trece, catorce y quince años. Ocho de ellos se robaron el carrito o los mantecados; dos de ellos triunfaron en el proyecto. Ambos ganaron muchísimo dinero. Uno de ellos se convirtió en el administrador de los carritos, ya que todos los carritos de mantecados de la Capital eran de su propiedad. Actualmente es un gran empresario que ha podido suplir las necesidades de su familia y de otros.

Nosotros necesitamos desarrollar líderes que hagan que las cosas pasen. Somos responsables de enseñarles a los niños que los campeones de Dios han sido hombres comunes (Hebreos 11). Deben saber que haciendo pequeñas contribuciones se puede llegar a construir proyectos grandes. Cuando la persona es creativa puede aportar a la sociedad, facilita la vida de los demás, y como consecuencia, le llegan las bendiciones. El campeón de boxeo, Juanma López, había expresado antes de una pelea: *"Esta oportunidad yo la he esperado mucho. Yo tengo mis hijos y sueño con que estén mejor. Yo no puedo venir aquí a perder. Voy a ganar porque yo necesito el dinero para mi familia"*. Cuando lo escuché dije: *"No hay nadie que le gane a él"*. La pelea duró un asalto; se convirtió en el campeón mundial; cumplió su objetivo. Lo produjo su motivación.

Los grandes hombres responden a la obediencia. Conocemos el gran ejemplo de Noé: Aceptó el llamado de Dios; emprendió una misión visionaria y finalmente logró una recompensa extraordinaria. Mientras Noé construía el arca la gente le gritaba loco. Él respondía diciendo que Dios le había ordenado la construcción del arca. La fe de Noé condenó al mundo. Noé obedeció a Dios. Los líderes de las iglesias de hoy día, sin haber estudiado ni diezmado, ni obedecido las normas fundamentales de la iglesia, aspiran a puestos directivos de alta jerarquía. Los grandes hombres primero y siempre cumplen con las normas y responsabilidades de su comunidad cristiana.

Los hombres obedientes reciben la bendición de Dios. Abraham poseía todos los componentes de la felicidad: abundancia económica, cabras y ganado. Era de la familia dominante de Ur de los Caldeos. Dios se le revela y le dice: *"Sal de tu tierra y de tu parentela y vete a una tierra que yo te mostraré (Hechos 7:3)"*. Abraham obedece y los resultados históricos fueron increíbles. En el momento cumbre cuando Abraham va saliendo, Dios repite tres veces: *"Juro que lo bendeciré, juro que lo bendeciré, juro que lo bendeciré"* (Hebreos 6:13-14). Abraham era dueño de grandes posesiones, carecía de la bendición y Dios se la añade.

Los grandes hombres poseen identidad. El capítulo once (11) de Hebreos dice que Moisés era nieto del Faraón. Era un hombre de palacio hasta que descubrió su verdadera identidad. Desde ese día jamás volvió a entrar al palacio porque rehusó llamarse hijo de la hija del Faraón. Aceptó su identidad de esclavo y luego se convirtió en el libertador de su pueblo.

Moisés realizó proezas, pero lo que impresiona es el reconocimiento de su identidad. La falta de identidad afecta negativamente las decisiones. Una joven cristiana que iba a ser misionera se convierte en la novia de un hombre que practica la santería. Le llamo la atención y ella me responde: *"Pastor es que usted es tan fuerte"*. Yo enfatizo: *"Fuerte es el enemigo que te buscó el novio"*. Me pregunté a dónde se fueron los sueños y las aspiraciones de esta joven. Su identidad se quedó en el tintero. Sin embargo, el presidente de los niños de mi iglesia sobresalía por su identidad. Lo defendí ante una acusación. La directora de la escuela lo catalogó de ladrón. Él dijo todo el tiempo: *"Yo no fui, porque los ladrones nunca entrarán en el Reino de los Cielos y yo soy un niño que quiero ir al Cielo"*. Si no hay identidad estamos fracasados.

Dios nos hizo cual gigantes, pero la socialización, el condicionamiento, la sociedad, la educación y la familia lo degeneran, lo controlan y hasta lo eliminan. Algunas madres le dicen a sus hijos: *"Tú no sirves para nada, tú eres bruto"*, mientras los padres visionarios motivan a sus hijos a estudiar una profesión en la universidad.

El factor psicológico construye o destruye a la gente. Nadie nace con miedo, los miedos son aprendidos. El niño que le tiene miedo a la obscuridad es porque lo aprendió. Cuando no viven con miedo se enfrentan a todo. Son capaces de tirarse a una piscina desde una chorrera de ocho pies de altura, entonces hay que disciplinarlos para que no se accidenten. El miedo se lo enseñamos los adultos y lo peor es que los esclavizamos.

En el sitio de diversión conocido como Sea World ocurrió un suceso trascendental: un tiburón y una foca se hacían caricias. Por curiosidad solicité hablar con el entrenador y cuando supo que yo era sicoanalista, me explicó que el comportamiento de estos dos animales se llama condicionamiento. Ellos colocaron un cristal entre el tiburón y la foca. El tiburón atacó la foca. Como chocaba cientos de veces contra el cristal dejó de atacarla. Cuando les levantaron el cristal, el tiburón siguió con el mismo comportamiento: no la atacaba ni lo intentaba. En nuestras iglesias hay mucha gente que hace tiempo Dios le levantó el cristal. Nuestra responsabilidad es ayudarlas a reacondicionar sus posibilidades.

Capítulo 3

EL MALTRATO DE MENORES

Capítulo 3

EL MALTRATO DE MENORES

El maltrato de menores tiene consecuencias y mutaciones permanentes en el desarrollo. Necesitamos herramientas para enfrentarnos con éxito a esta tragedia. Los profesionales de ayuda son personas adiestradas que deben funcionar en el lugar y día correctos.

Enterré una buena vecina porque no tuvo cerca un profesional de ayuda. Su hijo murió y ella se fue en un devastador brote de locura que le costó la vida. La vida profesional es una vida de pareo. Al menos en las clases de modificacion de conducta, se dan datos y uno los parea con los conocimientos, se dan hechos y uno puede pronosticar el posible desenlace catastrófico.

Una de mis fuentes de referido eran profesionales que me enviaban niños para que yo pudiera proyectar lo que les iba a pasar. Recuerdo cómo a una hermana muy buena le tuve que señalar que su hija ya estaba en el terrible mundo de la insanidad mental y que no tenía prácticamente ninguna esperanza. Uno ve los rasgos que van desarrollando tales como la esquizofrenia.

Hace unos años yo fui contratado por una empresa de seguros para que yo les evaluara el daño a tres ancianas que se quedaron encerradas por tres horas en un ascensor. Las llevé a mi centro de trabajo, abrió el ascensor y les dije: *"Vamos para el piso quince"* y ninguna se montó. Allí mismo trancé el caso de cada una. Lo mismo sucede con los niños, una vez empiezan las variaciones comienzan las mutaciones, los efectos del ambiente, de la iglesia. Entonces podemos pronosticar a largo plazo un daño severo. Debemos mitigar el daño en los niños para evitar la cosecha de delincuentes.

El maltrato de menores es uno de los problemas de la sociedad puertorriqueña. Las consecuencias y mutaciones en la mayoría de los casos son permanentes. La esquizofrenia es por razones de herencia, pero todas las demás enfermedades mentales vienen de las crisis en la niñez. Cuando usted ve una persona con una fobia la probabilidad de que la desarrolló en la niñez es alta. Los traumas en los niños, especialmente de cero a cinco años, son devastadores. El divorcio, por ejemplo, es algo que los niños nunca entenderán y al final del camino se sentirán culpables. Un niño de ocho años me decía: *"Doctor yo tuve la culpa"* Le contesté: *"¡Tú no tienes ninguna culpa!"*. Luche y ponga todos sus esfuerzos en sentar las bases de una niñez feliz, balanceada y amorosa. La gente se molesta conmigo porque vienen para que yo los tongonee. Me dicen: *"¿Por qué mi niño ha cambiado así?"* Se lo evalúo y les señalo que la resposabilidad es de ellos. Les pregunto: *"¿Usted se está divorciando? ¿El niño ha visto violencia en su casa? ¿Ustedes pelean delante de su niño?"*

Si las respuestas son afirmativas, la responsabilidad es de los padres; hay que aceptarla. Si dejamos al niño crear, tener sus propias ideas, desarrollar sus propios proyectos y aprender las cosas fundamentales de la vida, tendremos una niñez feliz. Los traumas, modelos de la vida y frustraciones dejan huellas permanentes y no hay manera alguna de contrarrestarlos. Los problemas más grandes están en los "nintendos" como guías fundamentales en los niños. Esas máquinas los convierten en autómatas y no pueden enfrentarse con la vida diaria. Lo mejor que el pastor puede hacer con los niños es amarlos profundamente.

Cuando pastoreaba en la iglesia Mission Board Jaweh Jireh iba los domingos al "nursery" a abrazar mis niños de cero a cinco años porque sabía que a muchos de ellos jamás los habían abrazado. ¡Enséñeles el amor de Dios a sus hijos y también a amar a Dios sobre todas las cosas! Ese es el valor supremo de la vida. Si un niño desarrolla valores y principios espirituales, jamás será violento. No es lo mismo vivir en un caserío que vivir en la urbanizacion, ni es lo mismo ser hijo de rico que ser hijo de pobre; ni es lo mismo tener juguetes en Navidad que no tenerlos y quedarse rabioso mirándolos desde lejos. Asegúrese que el niño tenga experiencias memorables positivas. La experiencia de que Cristo transforma hará que ese niño permanezca en el evangelio.

El evangelio es producto de una experiencia personal. Cuando yo estaba en la universidad me reunía con muchos científicos. También me reunía con uno que era ateo. Me decía que como yo era científico no podía ser que creyera en Dios. Le hablaba de mi experiencia personal con Dios. Me respondía: *"¿Entonces Dios existe?"* Recuerdo que antes de irme por última vez a España me dijo: " *Ora por mí a ver si yo lo conozco también".* Él estaba convencido y se dio cuenta que no había nada que él pudiera hacer para sacarme de la fe porque yo había vivido una experiencia personal con Cristo.

Sabemos que una de las razones más importantes para perder niños en las escuelas es por los "bully's". Los niños viven con ellos experiencias memorables negativas. Luego de que el "bully" lo golpea tres veces, el niño abusado le dice a la mamá que no quiere volver para la escuela. Usted cree que hay un problema grande y es un "bully" que abusa de su hijo en la escuela. Tenemos una campaña para sacarlos de las escuelas. Nuestro lema es que el malo sea el que se quede fuera y no el bueno. Hay que combatir las experiencias negativas y asegurar las experiencias memorables positivas. Asegúrese de que los niños sean felices en la iglesia y en la familia. La palabra clave es el balance. Nunca permita que nadie entre en el nivel familiar, ahí se discuten los problemas, se llegan a conclusiones. El nivel familiar no debe ser invadido.

El nivel espiritual es importante. El otro es el personal. Cuando el niño tiene diez años y ha pasado por un desarrollo correcto, uno le puede decir: *"Papito, ¿quién tú crees que es el campeón?"* Él contestará: *"El campeón es mi papá: ése es un general".* Yo iba a las escuelas del área rural y les preguntaba a los niños de cuarto grado: *"Díganme, ¿cuál es su héroe?"* Me contestaban: *"Mi papá".* El que no tenía papá se afectaba mucho y ese día se echaba a llorar. Por otro lado, iba a la ciudad, allí podía escuchar en ocasiones, que los hijos odiaban al papá. Esa era la diferencia en estos dos ambientes. Sea modelo para sus niños y valórelos, ayude a desarrollar su identidad. Yo conozco a un niño que es un ejemplo de una identidad tremenda. Estudiaba en el colegio Discípulos de Cristo. Un día fui a una reunión y peleó para irse a saludar. La directora me informó que él niño quería saludarme. Cuando el niño se acercó me dijo: *"No querían que yo viniera a saludar a mi pastor."* Le presenté este niño a todos los pastores y se quedaron asombrados de lo inteligente que era. Un día se quedó dormido en la cantata de los niños y yo le hablé aparte y le pregunté: *"¿Estabas muy cansado?* Él me contestó: *"Mire, pastor, los niños nos acostamos temprano y la cantata termina muy tarde. Eso hay que arreglarlo."* Una vez encontró a una muchacha muy guapa, que era mucho más grande que él y me comenta: *"Qué guapa está esa muchacha, pastor".* Le amonesté: *"Usted está muy chiquito para eso".* Él se defendió diciendo: *"Yo lo único que le dije es que esta guapa, pastor, eso nada más."*

Los niños son brillantes e inteligentes y a veces nosotros tenemos un concepto distinto de ellos. Fomente la higiene mental en los niños y en los adultos. Escuché con terror a una doctora en un programa por televisión, quien recomendaba que los niños vieran escenas pornográficas para que fueran aprendiendo. Sentí terror, la falta de higiene mental es una de las razones más importantes de la falta de salud mental. Si no hay higiene mental no hay salud mental. Esa identidad en los niños es maravillosa. Siempre me acuerdo de la niña del Coro de Niños de San Juan, que usualmente le envío un donativo. La madre va a la iglesia, pero la verdadera cristiana es la niña. La madre le ordenó: *"Chica, hazlo por mí, dobla la rodilla ante la Virgen"*. La niña le contestó: *"Eso no lo voy hacer mami, lo lamento pero yo prefiero que me boten del Coro de Niños de San Juan, porque si hay que doblarse ante la estatua de María no lo voy a hacer."* Tuvieron que poner una regla para ella. Nunca se rinda, la mayoría de las personas se rinden.

Las memorias y las tragedias son devastadoras en personas que vienen de la guerra o en hijos no deseados. Se han hecho estudios con los niños abandonados en los hospitales o los que van a ser dados en adopción. Si la enfermera no los coge mucho al hombro este acto es suficiente para destruir la vida de ese niño. Ese niño ya está mutilado. Evalué un sociópata, un niño que vino de Vietnam con tendencias de autismo sobrevenido. Ese niño vivía en Vietnam durante el tiempo de la guerra. La familia adoptó un caos.

¿Qué puede hacer la comunidad a favor de los niños? ¿Debe amar los niños, darles clases memorables donde se les enseñen los diez mandamientos? Hay que proveerles vivencias en la iglesia y decirles que están orgullosos de ellos. Hay que fomentar la sensibilidad hacia los niños y proveerles el alimento que necesitan. A los niños hay que dedicarles tiempo de calidad. Cuando el niño quiere hablar con el papá, no hay nada que lo sustituya. La comunidad tiene que amar la niñez.

Canalícelos positivamente en los deportes, la música, el teatro. Todas las cosas de la comunidad hay que planearlas en la iglesia. En lugar de máquinas de Nintendo, regale bolas, trabaje con objetivos, tiempo, trabajo, compromiso, influencia y los niños lo obedecerán. Si usted como pastor no tiene influencia está fracasado. Para mandar hay que obedecer primero. Es importante la disciplina, la integridad, las clases de valores y de ética.

Las caracteristicas de la libertad las encontramos en la Biblia. La más profunda exclamación de esclavitud fue la aspiración de ser libre: *"Cuando Jehova hiciere volver la cautividad de Sión seremos como los que sueñan"* (Salmo 126:1) Ése era el cántico de los esclavos por la mañana. La Biblia es profunda en todos los temas.

La iglesia tiene que dar ayuda social. Cuando un niño tiene hambre hay que darle de comer, si necesita ropa hay que proveerla. Tenemos que fomentar las agrupaciones como el coro de niños, los equipos de baloncesto y de pelota. Hay que tener mucho cuidado con los estereotipos y prejuicios contra la iglesia. Una vez el secretario de deportes me expresó: *"Yo nunca le digo nada a las iglesias porque son unas fanáticas"* Yo le contesté: *" Eso te lo dijo Satanás."* No pierda de vista que para desarrollar la personalidad adecuada tiene que haber aspiraciones, modelos y orden. El orden en la iglesia es servirle al Señor. La salud mental tiene que ser fuerte, no se deje destruir de su propia mente. Me da pena como hijos de pastores me dicen que no pueden estudiar medicina porque no tienen dinero. Hay fundaciones que proveen ese dinero. Si se defiende bien la causa le prestan el dinero.

Los valores que se le trasmiten a la familia son importantes. Cuídese de la degeneración de la personalidad y del miedo. Aprendemos por modelaje o por disonancia cognositiva. Si la madre siempre está deprimida, el niño va a salir deprimido. La socializacion en la iglesia es importante. Promueva juegos, alegrías y compañerismo. Cuando hay errores se pide perdón. Vi a un pastor pidiendo perdón y me emocioné. Levantó a un niño como de once años y le dijo: *"Yo hablé de ti cosas muy feas y yo quiero que tú me perdones"*. El niño se echó a llorar, porque habían roto un cristal y le dijeron que había sido él. El nene estuvo tres días llorando porque él no tenía nada que ver con eso. Entonces descubrieron quién fue. El pastor recuperó la imagen positiva ante ese niño.

Las experiencias de la niñez como son las alegrías, los juguetes, la identidad en la familia, el orar con ellos, leer la Biblia, enseñarles a amar a Dios sobre todas las cosas, enseñarlos a decir no cuando sea necesario, ayudan a moldear el carácter del niño. El modelaje del padre que no ejerce autoridad en la casa trae consecuencias negativas en los hijos. También al padre nunca se le quita la razón y a la madre tampoco. Los problemas del hogar se discuten en privado pues el niño no debe ver la lucha entre los padres. A veces se maltrata al niño, se le da peor trato que al perro. Si el niño rompe el mueble, le pegan. ¿Qué es más importante el niño o el mueble? ¿Por qué reaccionamos así? A veces nos queremos comer al muchacho y lo que debemos hacer es educarlo. Hay gente que tiene a los perros comiendo bistec y el nene está flaco porque le están dando el bistec al perro.

Otro asunto importante que debemos tomar en cuenta es la crisis de las mujeres profesionales que nunca tienen tiempo para sus hijos. Tienen sus niños en el cuido. Deben ir periódicamente para ver cómo cuidan a sus hijos. El niño se sentirá bien porque sabe que él esta allí, pero no es porque su mamá lo tiene abandonado. Ella está pendiente de lo que les ocurre a sus hijos en el cuido.

Todo lo que degenera la personalidad es aprendido, tal como el miedo, la inseguridad, la depresión, el desánimo, la culpa y el condicionamiento. Mis abuelas me contaban una historia de un viejo minero que muere agarrado de una fundita y con un papelito en el bolsillo y cuando sacan el papelito decía: "Morí rico". ¿Qué pensaron los mineros? Que había oro en la fundita. Cuando abrieron la fundita lo que tenía era pirita de cobre. Había muerto bien pobre. "No todo lo que brilla es oro". Cuídese de eso. También está la historia de los indios. La crónica titulada <u>"La Conquista de la Nueva España"</u>, de Bernal Díaz del Castillo es un libro básico del curso de humanidades en la universidad. Cuenta que los indios mexicanos, los incas peruanos, todos estos grupos eran millonarios. Los españoles eran unos bandoleros presidiarios y cambiaban sus objetos insignificantes por los tesoros que tenían estos indios. Los indios llegaron a ser muy pobres y los españoles tramposos llegaron a ser muy ricos. Es maravilloso valorar lo que Dios nos ha dado.

Jesús se puso en pie y alzó la voz y dijo: *"Si alguno tiene sed venga a mí y beba. El que cree en mí de su interior correran ríos de agua viva"*. En ese momento ya Jesús era un revolucionario; un hombre que iba a las raíces de los problemas. Hay que enseñarle a la gente a tener fe. Le ofrece seguridad al deprimido y ataca la ansiedad. Descubrir que uno es amado y que puedes amar es importante. Cuando en mi iglesia un muchachito es problemático y se enamora yo sé que se resolvió el problema de conducta. Un jovencito de la iglesia me dijo: *"Pastor, estoy enamorado de esa nena"*. Le contesté: *"Mira a ver si le gustas"*. Él me confesó: *"Mi mama no quiere"*. Le aconsejé: *"Olvídese de su mamá y vaya para encima"*. La nena le dijo que sí y se resolvió un problema de conducta.

Otra estrategia para sacar a un joven de un Burn Out es ponerlo a jugar algo que a él le guste. Tan pronto se destaca y anota veinte puntos sale del encierro. La estrategia que funciona es a través de cosas que le gustan a las personas. Cuando un jovencito se encierra, el pastor debe llevar a las tres nenas más lindas de la iglesia para que hablen con él y le dice: *"Qué te pasa chico, tú no eres así?"* A los diez minutos, si todavía no es tarde y no los expulsa de la casa se ha logrado el inicio de la recuperación del joven.

Los pastores y consejeros deben aprender a desarrollar estrategias para lidiar con la diversidad de personas. Si una persona está endrogada se le da un baño de agua fría, se pone a caminar y a correr para que bote toda la droga. Otro problema es el de ser un niño marginado. Cuando un niño no recibe regalos porque la religión de su familia se lo impide, le crea un dolor y tristeza irreparables. El daño emocional a ese niño es devastador. Otro de los niveles es la frustracion y empieza con la traición de los amiguitos. Combata eso en la iglesia. Esa gente hipócrita que de frente le dicen te amo cuando en realidad no es así, producen frustración en los niños. Cuando usted está en una iglesia que va alineada produce en los feligreses esperanza y confianza.

Recuerdo una vez cuando yo tenía como diez años, estaba en el tribunal y el testigo estrella era mi pastor Rolón. Mi pastor me decía que no se jura ni por el cielo ni por la tierra. Cuando subió a la silla de los testigos yo estaba pendiente de cómo actuaría cuando le tocara jurar. Cuando le tocó dijo: *"No lo juro, yo soy un pastor. Yo prometo, pero mi sí es sí y mi no es no".* Entonces el juez le dijo: *"Está bien".* Yo pensé: *"Qué tronco de pastor yo tengo, es bien bravo".* Luego yo se lo contaba a todo el mundo. La frustración de los niños es cuando los adultos fallan en sus valores.

Otra de las frustraciones que viven los niños es la pobreza. Fui el primer honor de mi clase en noveno grado y no pude asistir porque no tenía zapatos, ese es el dolor de la pobreza. El ambiente negativo de un padre alcohólico produce dolor. El niño lucha por salir de esos momentos tan difíciles. Otro nivel son las pruebas del carácter. Un niño de catorce años me dijo: *"Mis padres eran ricos, pero lo hemos perdido todo"*. Yo lo abracé y le dije: *"No importa, todavía Dios te ama"*. Él me preguntó: *"¿Usted cree, pastor?"* Tuve un diálogo con él bien bonito y me dijo: *"No me voy a ir de mi iglesia"*. En la mayoría de esos casos se puede recuperar algo.

La muerte y las tragedias separan los niños de los hombres y las mujeres de las niñas porque se les prueba el carácter. El trauma catastrófico como lo es el incesto, la violación, el padre que mata a su madre es lo que yo le voy a llamar una semilla de mutaciones. En este ambiente el niño da señales de que algo anda mal y lo que se puede esperar de él es que se convierta en un enfermo mental, un asesino, un sociópata porque ya el daño está hecho.

Yo creo en la disciplina, pero no creo en el castigo. El castigo se utiliza para causar daño. La disciplina es una guía para un comportamiento saludable. El castigo causa dolor físico o emocional, pero señala alternativas de conductas. El castigo es un método inefectivo y dañino; la disciplina se asocia con aprendizaje y educación. El castigo evoca sentimientos desagradables, pero la disciplina es un esfuerzo, un premio a conductas deseadas. Cuando todo fracasa y estamos al borde de la catástrofe, el padre tiene que luchar por mantener la influencia. Si el padre permite que el hijo mayor llegue a la hora que le da la gana los pequeños están pendientes. Así que un día que usted le cierre la puerta a su hijo y permite que duerma en la calle es un aprendizaje para todos. Eso me lo hizo mi padre a mí. Amanecí con una lección formidable. Tuve que dormir en el balcón porque nadie se levantó para abrirme. Jamás llegué después de las doce. A veces hay que ejercer la influencia.

Si usted no ejerce la influencia está mal.

Las herramientas para evitar el maltrato son el desarrollo de la identidad en su familia, comprometer a sus hijos con la voluntad tenaz, tener la capacidad de cambiar la mente, comprometer a sus hijos con la higiene mental, respetarse a sí mismo; no decirle mentiras a sus hijos. Recuerde que la integridad es la base de la educación. Enséñeles a sus hijos a amar a Dios sobre todas las cosas. Permita que los niños desarrollen sus conocimientos y comprendan los sentimientos emocionales y conductas de otras personas. No permita que se burlen de los demás. La identidad, los temores, hay que enfrentarlos con las aspiraciones y la disciplina. Si usted logra tener esos elementos en su iglesia, usted es un general, yo me quito el sombrero. Yo quiero que ustedes aprendan como las pequeñas cosas hacen grandes diferencias.

Capítulo 4

EL DIVORCIO, LA TENSIÓN EMOCIONAL Y LOS MECANISMOS DE DEFENSA

Capítulo 4

EL DIVORCIO, LA TENSIÓN EMOCIONAL Y LOS MECANISMOS DE DEFENSA

La tragedia del divorcio, sus respectivas pérdidas y los daños permanentes que ocasionan desvían a los individuos de su sano crecimiento. Estimo que el setenta y cinco por ciento (75%) de mis pacientes son productos de hogares donde ha habido divorcio. Actualmente el divorcio se ha convertido en una solución inmediata a los problemas matrimoniales. En muchas ocasiones los padres no evalúan con detenimiento el daño que les pueden producir a los hijos, especialmente, si son niños.

Los niños aprenden casi todo de su familia. Ese es el espacio íntimo que les brinda apoyo y seguridad. Quitarles la seguridad que les brinda el núcleo familiar es una experiencia devastadora. Cuando pasan por la experiencia del divorcio de sus padres, no lo pueden comprender y se sumergen en una etapa de crisis. Los niños comienzan a sentirse incapaces e inseguros; sufren trastornos del sueño y pueden padecer de regresión en su desarrollo. Pueden experimentar un sentimiento de soledad y de abandono y convertirse en niños tristes, solitarios, agresivos e impulsivos. Este comportamiento lo puede producir un hogar que deja de ser un espacio de respaldo y seguridad.

Uno de los mayores daños que puede sufrir un niño es que viva el divorcio de sus padres. Existen mecanismos adecuados para tratar de minimizar los efectos nocivos en los hijos. Los padres deben informarles a sus niños la decisión de la separación mediante el uso de un lenguaje apropiado. Se deben sentar a hablar con los niños y explicarles con amor, respeto y sutilidad todos los pormenores del problema matrimonial. Los niños necesitan que los padres les reafirmen el amor y el apoyo total. Les corresponde a los padres minimizar los sentimientos de culpa en los niños y asegurarles que la relación entre todos es permanente. No debe responsabilizar a los hijos de la separación de los padres. Además es importante que se les permita a los hijos la expresión de los sentimientos. Si éstos quieren llorar hay que dejarlos llorar; hay que proporcionarles redes de apoyo terapéuticos en los deportes, la escuela, las artes, la cultura, y la religión.

El siguiente ejemplo ilustra la intensidad del sentimiento de pérdida en los niños. Uno de los momentos más difíciles de mi vida de ministro fue cuando concluyó mi pastorado en la Iglesia de Carolina Puerto Rico. Los niños que asistían a la iglesia procedentes del Residencial Lloréns Torres no querían que me fuera. Una de las niñas me agarró por el pantalón y no me dejaba salir. Me suplicaba: *"Pero pastor, ¿cómo se va a ir? Si usted es como mi papá, yo nunca he tenido un papá, no nos deje"*. Yo le contesté: *"No te preocupes el nuevo pastor va a bregar con todo esto"*. Para mi sorpresa, se recortó el proyecto de evangelización de los niños de Lloréns Torres. No los buscaron más y la próxima vez que me encontré aquella niña lloré porque ella carecía de esperanza.

Los pastores ministramos en una iglesia por un determinado periodo y podemos ser trasladados a otra según sean las necesidades de la denominación. Las iglesias deben cumplir con su responsabilidad de evangelización independientemente del factor económico. Esas decisiones que afectan a los integrantes de un proyecto de evangelización se toman mayormente por razones de dinero, especialmente cuando los beneficiados son muy pobres y no pueden aportar a la iglesia.

En una situación de divorcio no se les debe mentir a los niños acerca de la decisión de sus padres. No deleguen en los niños funciones que no son propias de ellos, como decirles: *"Trata de ayudarme a reconciliarme con tu mamá"* o viceversa. No provoque múltiples cambios que se conviertan en pérdidas. Tampoco involucre a los niños en las nuevas relaciones amorosas de los padres. Los niños se confunden porque antes tenían un papá o una mamá y ahora llega otro u otra integrante que no pueden definir.

En el caso de las damas éstas deben sobreponerse al dolor y tragedia de la separación. Si no han logrado superar el coraje y el resentimiento, lo expresarán por medio de la agresión desplazada. Cuando la madre es la principal encargada de educar y disciplinar a los niños, éstos pueden recibir una enorme carga de esa agresión. La madre afectada que siente mucho coraje por su ex-marido, tiende a hablar mal de él y eso es dañino para la salud mental de los hijos. Los niños se sienten culpables porque no pueden ayudar al papá que es bueno.

Los efectos negativos del divorcio son destructivos. Los hijos no pueden entender el divorcio. Es una amenaza a su seguridad personal. Por eso es que los niños no quieren separarse en ningún momento de su papá o de su mamá. Pueden creer que son la causa del conflicto de los padres. Aunque nunca entenderán el divorcio, podemos ayudar a minimizar las consecuencias. Muchas veces los niños se convierten en hijos rebeldes y retantes. Por tal razón, es importante que sepan que su papá y su mamá seguirán siendo sus padres.

El divorcio siempre produce un alto impacto emocional en los hijos. Éste debe atenuarse para que no provoque un daño irreversible en el desarrollo sicoevolutivo de los niños. No trate de casarse de nuevo con rapidez porque eso no lo entienden los hijos. No le lleve un extraño a la casa y no obligue a los hijos a decirle papi o mami. Esta misma situación se puede aplicar, si el hombre es el que se queda a cargo de los niños y pretende casarse nuevamente, sin que los hijos hayan superado el proceso de pérdida, que es lo que implica el divorcio de sus padres. Los padres no se divorcian de sus hijos. Los niños deben pasar por un periodo de preparación antes de que una nueva pareja se incorpore al hogar.

La persona que se divorcia experimenta una serie de etapas. La primera es la de sorpresa y de negación. Esta ocurre cuando la esposa le comunica a su marido que se quiere divorciar. La primera reacción del hombre es de negación. Le contesta que *"no se va a divorciar na"*. Esta etapa de la negación es un mecanismo de defensa. La segunda etapa es la de enojo contra sí mismo, contra su cónyuge, contra su padre y su trabajo. La tercera etapa es la de la ambivalencia, la de querer reconciliarse. Es evidente cuando el hombre divorciado le pregunta al pastor: *"Pastor ¿Cómo yo no pude valorar esta mujer tan buena?"* En ese periodo puede haber reconciliación y separación una o varias veces hasta convertirse en una etapa de amor y odio. Después se experimenta la etapa de la depresión. Ésta es importante porque si la persona no la vive no se recupera de sus sentimientos de pérdida. Las personas que interpretan el divorcio como una fiesta posponen la depresión para más tarde y eso es peligroso. Durante el periodo de depresión va ocurriendo un proceso de recuperación. Después de un tiempo razonable, que puede ser de un año como mínimo, es posible que la persona pueda comenzar a buscar nuevas amistades.

La tensión emocional o estrés

Otro problema que destruye vidas es el estrés o la tensión emocional excesivas. El estrés es una reacción producida por ciertos eventos. Cuando una persona tiene tensión el cuerpo humano ha activado el sistema nervioso. Cuando el estrés es excesivo la persona no duerme bien, y desatiende las tareas y responsabilidades.

Hay dos tipos de estrés: el bueno y el malo. Cuando el estrés es bueno, permite que un estudiante esté presto a contestar un examen para cumplir con su objetivo. A eso se le llama respuesta al estrés. El estrés bueno siempre tiene una respuesta de combate. El estrés malo es el de fuga. En vez de estar presto a contestar el examen, el estudiante no se puede concentrar y hasta se enferma del estómago.

¿Qué causa una sobrecarga de tensión o estrés? (El estrés extremo es el post-traumático). Es una reacción muy fuerte producida en personas que han vivido una situación extremadamente traumática como lo es un grave accidente automovilístico, un desastre natural o una agresión sexual. Por ejemplo, una persona se inquieta porque realiza una acción inesperada como lo es frenar en una avenida muy transitada. Se atemoriza pensando qué le ha pasado, por qué ha frenado sin razón. Es posible que todavía esa persona esté manejando el accidente grave ocurrido hace mucho tiempo. De manera semejante puede reaccionar un veterano de la Guerra de Vietnam que tuvo que matar seres humanos. Su estrés post-traumático debe ser horrible.

Algunas señales de sobrecarga de estrés son las siguientes: ansiedad o ataques de pánico, constante presión, confusión o apresuramiento, irritabilidad o melancolía, síntomas físicos, problemas estomacales, dolores de cabeza, dolores de pecho, reacciones alérgicas, problemas cutáneos en el rostro, problemas de sueño, beber o comer en exceso, tristeza o depresión.

Podemos controlar la tensión o el estrés. Es recomendable que no nos sobrecarguemos con muchas actividades. Uno debe ser realista y no tratar de ser perfecto porque nadie lo es. Debemos dormir bien y hacerlo con la cantidad de horas necesarias. Además es adecuado aprender a relajarnos y cuidar de nuestro cuerpo, ejercitándonos con regularidad.

Otras recomendaciones para controlar la tensión o el estrés son: cuidar nuestros pensamientos, evitar los pensamientos negativos y exponer nuestras preocupaciones. Los pensamientos negativos hay que manejarlos porque son destructivos. Entender y resolver los problemas sencillos ayudan a que la gente aumente su resistencia y no se *"ahoguen en un vaso de agua"*. Mi exjefe, Don Edwin Quiñones, nunca se alteraba por nada. De él aprendí que uno puede administrar una agencia y lograr éxito, si se manejan con efectividad las tensiones.

Piense que los cambios son retos normales de la vida; reconozca y acepte las demoras; piense en el éxito para continuar hacia la meta; establezca relaciones firmes con su familia, como un buen sistema de apoyo; y participe en actividades de diversión.

Los mecanismos de defensa

Consideremos el factor sicológico: en éste hay un consciente, un preconsciente e inconsciente. En el consciente están todas las cosas en su memoria. En el pre-consciente a veces usted dice: *"yo tengo ese nombre en la punta de la lengua"*. Con un esfuerzo, en minutos le llega el nombre. El inconsciente tiene los deseos, pensamientos y fantasías de las cuales ni el hombre mismo tiene conocimiento. Es mucho material almacenado que al salir puede ser muy nocivo para la persona.

¿De dónde surgen los miedos? Se aprenden en la niñez. Los adultos se los enseñamos a los niños. Recuerdo el ejemplo de mi amiguito Eisen. Decía asustado: *"En ese cuarto duerme un oso"*. Lo invité a ver que lo que había era un hombre roncando y se negó. Luego, lo entendió. Los niños no le tienen miedo a nada (ni a los ratones ni a las cucarachas) a menos que se les enseñe a temerles.

La personalidad se degenera porque le enseñamos a la gente el miedo, la inseguridad y la depresión. Se aprenden en la niñez y resurgen en la etapa adulta. Estaba dando una conferencia y alguien me dijo: *"Déme un ejemplo de cómo surge una depresión"*. Le contesté: *"Todos los niños tienen juguetes y el niño que no los tiene, aparentemente está bien. Sin embargo, su sensibilidad le advierte que algo anda mal. Siente que él es diferente y cuando llega a adulto empieza a mostrar ansiedad y miedo difuso. Esas acumulaciones de la niñez se manifiestan en la edad adulta"*.

La personalidad consciente tiene formas de protegerse con los llamados mecanismos de defensa: Al muchachito se le olvida ir a ver la novia. La novia lo llama para confrontarlo. Él se excusa diciéndole que se le explotó una goma al auto. Sabe que miente, pero lucha por retener la novia. Luego llora mientras enfatiza en la necesidad de que ella le crea, sino él terminará la relación. A ese proceso se le conoce como racionalizacion. Otro mecanismo es la proyección. La persona ve defectos propios en personas ajenas. Las mujeres profesionales son víctimas del mecanismo conocido como agresión desplazada. Por eso es que en vez de golpear a su jefe, agreden a sus niños.

Otro mecanismo de defensa es la sublimación. Ésta se reconoce cuando un individuo realiza proezas en nombre de una causa significativa. Fernando Báez fue el campeón de levantamiento de pesas de Puerto Rico. En unas competencias de 1966 realizó una alzada que lo clasificó en el segundo lugar. Inconforme con esta clasificación, en la segunda oportunidad, pidió que se le añadieran tres libras a las pesas. Comenzó el levantamiento; estaba en el proceso sicológico conocido como sublimación. La gente comenzó a gritar su nombre *"Fernando, Fernando"* y él añadía *"Por Puerto Rico"*. Agarró las pesas y realizó un esfuerzo sensacional. Fue uno de los momentos más lindos de gloria deportiva para Puerto Rico. Con esa alzada ganó la medalla de oro. Inclusive sobrepasó el récord mundial de levantamiento de pesas. Finalmente, el mecanismo de defensa conocido como represión funciona guardando en el inconciente una experiencia muy fuerte, como lo es un caso de violación.

A los niños se les deben enseñar los siguientes valores básicos para que puedan sobreponerse a las distintas experiencias con las que se pueden enfrentar en la vida, como es el posible divorcio de sus padres o los eventos que vivirán de tensión emocional o de estrés. Éstos son: que aprendan a tener metas y aspiraciones, a ser leales, obedientes, íntegros y sensibles. Los padres deben disfrutar de todas las vivencias de sus hijos y celebrar los triunfos de éstos en la iglesia, en la escuela, en los deportes, y en otros espacios provistos para su desarrollo saludable. Es necesario que las familias compartan y cultiven su relación; que asistan a la iglesia, oren y lean la palabra juntos. Recuerden que el que está con nosotros es mucho más poderoso que el que está en contra de nosotros.

Capítulo 5

LA DEPRESIÓN, EL SUICIDIO Y LA PREVENCIÓN DE CRISIS

Capítulo 5

LA DEPRESIÓN, EL SUICIDIO Y LA PREVENCIÓN DE CRISIS.

Existen diversos factores que predisponen al ser humano al suicidio. El factor que consideraremos está contenido en los trastornos mentales. El enfermo mental puede suicidarse. Un sinnúmero de razones causan los trastornos: los hogares disfuncionales, el ambiente negativo, heridas emocionales, ultrajes, violaciones, accidentes, guerras, rumores de guerras, gravedad de los padres, las experiencias negativas de la niñez, niveles del dolor no soportados y la falta de identidad. Los sentimientos de fracasos surgen cuando la persona toma conciencia de que no ha logrado ningún propósito en la vida, debido a terribles traumas y frustraciones abundantes para el consciente.

El consejero debe saber escuchar a las personas porque podría estar frente a un candidato al suicidio. Mientras se ofrece la consejería, no se debe interrumpir al paciente ni reaccionar con miedo ante la situación que ellos cuenten. El consejero debe saber controlar su lenguaje no verbal y no el del paciente. Debe conocer que hay ideas, pensamientos y fantasías de las que el hombre mismo no tiene conocimiento. También debe estar familiarizado con la maleta propia para entender la maleta de los demás. En el momento apropiado, puede preguntarle al paciente: ¿Quién te hirió? ¿Quién te destruyó? ¿Por qué piensas así? El propósito es que éste cuente su vida, su ambiente, sus memorias y las experiencias de la niñez del lado obscuro de su mente.

Los humanos aprendemos por imitación o por disonancia cognitiva. Vemos un padre alcohólico que tiene dos hijos. Si uno de los hijos es alcohólico, lo aprendió por imitación. Si el otro escoge ser pastor, lo aprendió por disonancia cognitiva. Educar mal a nuestros hijos provoca la falta de higiene mental, los miedos y la degeneración de la personalidad. Un padre debe desarrollar vivencias positivas en sus hijos y aprovechar los momentos memorables para fomentar la buena salud mental de éstos. Sacar tiempo para hablar con los hijos y compartir con ellos sucesos inolvidables marcarán positivamente las vidas de todos.

La base de la educación es lograr la formación y la integridad de los individuos. La mejor capacidad que puede tener el hombre es la facultad de transformar la mente. Aún en el peor momento, podemos ayudar a modificar la mente del paciente para que no se suicide. El deseo por suicidarse dura de treinta a cuarenta segundos. Si el paciente sobrepasa ese tiempo, no lo realizará. Por tal razón, los profesionales de ayuda son muy importantes.

Los valores fundamentales en una familia son la influencia, la lealtad, la obediencia, la integridad y el buen uso del tiempo. Los sucesos inolvidables que nos marcan como cristianos y como miembro de una iglesia son el principio de una vida victoriosa. Incluir a Dios en nuestros planes, examinar nuestra maleta, saber quiénes somos y lo qué queremos nos asegura una vida espiritual sana.

Sin embargo, todos tenemos comportamientos de locos, la gente muy cuerda no ha hecho nunca nada. Debemos ser revolucionarios de Cristo, atrevernos a soñar para triunfar en el nombre del Señor. Debemos valorar a la esposa, a los hijos, a toda la familia. No permitamos que nuestra propia mente nos destruya. Un principio importante que ya hemos señalado es que la felicidad no está ligada a las cosas materiales.

Hay tres clases de personas: las que no saben lo que pasa, las que hacen que las cosas pasen y los que ven las cosas que pasan. Dios conoce quiénes somos y las experiencias significativas marcan las personas. Un desequilibrio fisiológico perturba la visión de la realidad del individuo, le puede causar graves y constantes episodios de tristeza, de desgano y de ansiedad, que no le permitan desarrollarse. También los sentimiento de soledad, angustia, tristeza, odio hacia uno mismo, exageración de la realidad, profundos sentimientos de tristeza, confusión, ansiedad y soledad son varias manifestaciones de desequilibrios, en los que no se vislumbra una solución a los problemas. El Dr. Mario Rivera Méndez decía *"la soledad duele"*. Yo también afirmo que la soledad es terrible. Un día de soledad es maravilloso, pero una semana de soledad es terrible y un año de soledad es devastador.

Durante las horas y los días antes de que la persona prescinda de la vida hay muchos signos de emergencia. Casi todos se reconocen en expresiones verbales muy importantes: *"no puedo seguir adelante"*, *"ya nada me importa"*, *"nadie me quiere"* *"estoy pensando acabar con todos"*. También se manifiestan en cambios físicos como lo es la falta de energía. Cuando una persona está muy deprimida no se le puede medicar por decisión nuestra. Muchas veces nosotros contribuimos a que la gente se suicide. Si la persona está postrada y se le administra una medicina incorrecta, por ejemplo, se le da una pastilla suave y esa pastilla le da un poco de fuerza, puede adquirir valor para suicidarse. Las medicinas deben ser recetadas por un médico especialista. Éste medica dependiendo la condición de la persona deprimida.

Los signos de una persona deprimida son: desequilibrio del sueño, falta de apetito, aumento o pérdida repentina de peso, cambios en el interés sexual, cambios repentinos y falta de interés en la apariencia. Recuerdo una vez que alguien comentó en mi grupo de apoyo: *"Esa muchacha se ve bien, tiene un carro, viene bien montada, oiga, pastor, pero si se peinara, sería un poquito más bonita".* Yo la miré detenidamente y de verdad parecía que hacía una semana que no se peinaba. Hay gente de esa manera. Para ayudarlos están los grupos de apoyo. La depresión es una condición médica que por regla general puede ser tratada. Rara vez alguien decide suicidarse sin pensarlo de antemano. Éste es un pensamiento crítico defectuoso.

No es cierto que las personas que hablan del suicidio raras veces se suicidan. Los individuos que se suicidan a menudo dan indicios o advierten sus intenciones. Se dice que la persona suicida desea morir y siente que no hay punto de regreso, pero eso es incorrecto. Las personas siempre son ambivalentes y si el consejero o el pastor los ayudan, pueden salir del estado mental.

Existe una correlación entre el alcohol y el suicidio. La mayoría de las víctimas del suicidio, cuando las examina el forense, dan indicios positivos de que habían ingerido alcohol. Un intento de suicidio no significa que el paciente siempre tendrá pensamientos de suicidio. Significa que está pasando por un periodo crítico. Si se le ayuda a salir del periodo crítico, se puede recuperar. Si solamente lo medican, el pensamiento defectuoso permanecerá latente.

Cuando se le pregunta a una persona si tiene la intención de matarse, esto conducirá a que la persona se plantee francamente el tema. La gente necesita hablar con profesionales de ayuda. A la gente le gusta que le pregunten, le escuchen y le dediquen tiempo. Los ricos, los pobres, la clase media, los profesionales, si se suicidan, lo pudo haber causado un pensamiento crítico defectuoso.

El comportamiento auto-destructor no es solamente un indicador de la necesidad de atención. También es un indicador de un pensamiento auto-destructor. Por eso hay que buscar ayuda inmediatamente, porque la persona puede cometer suicidio. Cuando mejora después de una crisis suicida, no significa que el riesgo se acabó. Si no trabajamos con los problemas, si la persona está en una crisis de la mediana edad, por todas las heridas que sufrió en la niñez y no se trata con terapia, nuevamente puede intentar suicidarse. Hay muchas clases de depresión. Entre éstas están los episodios depresivos agudos o no agudos, trastornos disquímicos, trastornos de personalidad. En todos ellos hay un factor común que es la depresión masiva, el estado de ánimo deprimido y disminución del placer sexual.

Otros síntomas de la depresión aguda es el aumento y disminución de peso, insomnio o hipersomnio: una persona que se levanta a la una de la tarde y vuelve y se acuesta a las cinco de la tarde u otra que vive viendo novelas y se le olvidó que hay que dormir. También están el letecimiento sicomotor, fatiga o pérdida de energía, sentimientos excesivos de inutilidad, problemas de concentración o tomas de decisiones, ideas recurrentes de muerte o suicidio. Hay tres teorías sobre la depresión que debemos conocer. La primera es la teoria cognitiva. Según ésta la depresión es el resultado de un pensamiento inadecuado, de una distorsión cognitiva. El paciente depresivo distorsiona la realidad yéndose de forma negativa en la tríada cognitiva de él mismo, el mundo y el futuro. Por ejemplo, una muchacha escoge mal a su pareja. Rechaza a un muchacho de la iglesia y se casa con un bandolero de la calle. Tiene tres hijos y en la crisis de la mediana edad se examina a sí misma (ve que ya no es tan bonita) al mundo a su alrededor y su futuro, entonces quiere suicidarse. Lo decide porque entiende que fracasó.

Según la teoría cognitiva hay cientos de casos de suicidios de personas que cuando lo analizan todo, reconocen que han fracasado. Estos pensamientos son automáticos y se autoconfirman. El paciente se siente incapaz de actuar. Esto le produce una sensación que lo deja tan decaído que ni siquiera puede suicidarse. Sin embargo, si le dan una pastilla que lo anima se puede suicidar. Medicar es un asunto medico no de terapistas.

La segunda teoría sobre las causas de la depresión es la indefensión aprendida. Ésta surge en el hogar cuando la madre es castradora y decide todo por sus hijos, especialmente, por los varones, entonces el individuo no aprende a cómo enfrentarse a la vida. No puede resolver ningún problema. Experimenta la teoría de la desesperanza. La madre lo resolvió todo por él y ahora siente que no sirve para nada. Otro caso de indefensión aprendida es el de los jóvenes violados que no son ni homosexuales ni heterosexuales. Viven ese problema de género. Van al sicoanalista para averiguar si son hombres o no. A la mediana edad si el paciente no sabe qué es, tampoco lo sabrá el sicoanalista.

La teoría biológica sobre la causa de la depresión plantea que ésta es un desequilibrio en los neurotrasmisores, que cambian el estado de ánimo y le producen un desbalance químico al cerebro. El tratamiento no puede consistir únicamente de medicamentos pues éstos pueden provocar una recuperación temporera sin solucionar la raíz del problema.

Veamos la relación entre la ansiedad y la depresión. La ansiedad es un miedo difuso, un miedo que no se sabe de dónde viene y su característica principal es una sensación anormal. Los esquemas funcionales de la infancia son automáticos: el que fue feliz, hace feliz a los demás y el que fue tacaño no le da nada a nadie. Estos esquemas automáticos pueden llevar a una persona a la infelicidad. Tuve una paciente que se divorció porque el marido no le compraba ni ropa interior. Él era un hombre tacaño. Lo entrevisté y dijo que adoraba a su esposa. Sin embargo, con su comportamiento la estaba matando. La esposa me dijo que si no dejaba a su marido, terminaría en un hospital siquiátrico. Le di a él dos terapias y me dijo que tenía poco dinero. Le dije que yo creía que ella tenía razón para querer divorciarse. Le recomendé a ella que se divorciara porque su esposo no iba a cambiar.

Otra causa de la depresión es la malformación genética. ¿Cuáles son las causas de intentos de suicidio en los adolescentes? Son los periodos de cambios, cambios de todo tipo. Los cambios a veces son buenos y a veces son malos. Muchas niñas vienen donde mí llorando porque le salen erupciones en la cara y quieren ayuda. Algunos de estos cambios son normales en el desarrollo.

Las esquizofrenias más fuertes y las más horrorosas son las llamadas esquizofrenias sobrevenidas de la niñez y la pre-adolescencia. Cuando la niña tiene la menstruación por primera vez y la madre no se lo ha explicado, el cambio es brutal. Ese día la jovencita se puede volver loca, queda sociópata, sicópata y no habrá forma de que vuelva en sí. Es importante que las madres les expliquen a sus hijas qué es la menstruación. Ese cambio si no se entiende, las puede trastornar.

¿Qué se sabe del suicidio de los adolescentes? Ésta es la tercera causa principal de muerte entre jóvenes de 15 a 24 años y de niños de 10 a 14 años. De ocho a veinticinco intentos de suicidios, la proporción mayor es en las edades de los jóvenes indicados. Hicimos un estudio en la Escuela Graduada de Consejería Pastoral de dos iglesias, una Mission Board y otra Defensores de la Fe. Entrevistamos sesenta jóvenes. Veintiséis habían pensado suicidarse en algún momento y quince lo habían intentado. La iglesia no está exenta de este riesgo. Algunos de los factores communes que lo provocan son los trastornos mentales diagnosticables y trastornos de abusos de sustancias. Cuando el joven empieza a experimentar con drogas y se siente perdido se puede suicidar. Si los jóvenes tienen uno o más trastornos mentales hay que ofrecerles tratamiento. Otros factores son los comportamientos impulsivos y acontecimientos no deseados en la vida: cuando una novia o un novio es infiel a los quince años y, además, son tan crueles que le presentan la nueva pareja a su expareja. Otras causas de la depresión severa son la pérdida o divorcio reciente de los padres, los antecedentes familiares de trastornos mentales o de sustancias, los antecedentes familiares de suicidio; la violencia familiar incluyento el abuso físico, sexual, verbal o emocional; el intento de suicidio previo; la presencia de armas de fuego en el hogar; la encarcelación, la exposición o el comportamiento suicida. Tan pronto veamos esos cambios hay que buscar ayuda.

El suicidio se puede prevenir. Cuando se interviene a tiempo, no debe pasar nada fatal. Si los adolescentes hablan de suicidio, deben ser evaluados inmediatamente con el propósito de diagnosticar el tipo de trastorno sufrido. Estos pueden ser: sentimientos de tristeza o desesperanza, disminución del rendimiento escolar, pérdida de placer, dormir muy poco o demasiado y cambios en el peso o nerviosismo.

Si el hogar del adolescente sufre una crisis, todos sus miembros la padecen. Por ejemplo, una madre refiriéndose a su hija, me decía: *"Es que ella ha tenido unos cambios bien interesantes, ella no era así"*. Luego me entero que los padres se estaban divorciando. El cambio en la hija lo genera la inseguridad del divorcio de sus padres. Si no se resuelve el problema, el caso de la niña se puede agravar. Los padres deben tomar medidas de seguridad en sus hogares: guardar las armas de fuego, proporcionarles ayuda profesional a sus hijos, escucharlos, evitar la crítica excesiva y mantenerse informados sobre el comportamiento de éstos fuera del hogar. Una fuente de información de cómo funcionan los hijos las ofrecen los amigos. Éstos nos dicen si nuestro hijo o hija está triste y si ha tenido cambios en su manera de comportarse.

Todos en un momento nos hemos sentido deprimidos, pero podemos reponernos. Un hermano cristiano me dijo: *"Pastor tuve un problema y me fui de la iglesia, pero eso no tiene nada que ver"*. Yo le contesté: *"Pues no venga donde mí, porque yo no puedo hacer nada por usted"*. Él añadió: *"¿Pero por qué, pastor?"* Yo le expliqué: *"Creo que usted se siente triste porque se fue de la iglesia"*. Él alegó: *"¿Cómo va a ser? ¡A mí me botaron!"* Lo expulsaron de la iglesia y el hermano cristiano se estaba haciendo el fuerte. En realidad, estaba luchando por no llorar. Los sentimientos de desesperanza, de no valer nada, de no contar con un propósito en la vida, la preocupación con la muerte, la violencia, hablar de querer morir, el acceso a los medicamentos, las armas, los cambios extremos de humor son síntomas de personas que pueden optar por el suicidio.

Hay personas que cuando se deciden por el suicidio, se ponen bien contentas y les da una especie de bipolaridad en su comportamiento. Otros tienen sentimientos de gran agitación, rabia o ira fuera de control y deseo de venganza; cambio en los hábitos dietéticos y en el sueño; conductas arriesgadas, guían como locos; sufren crisis vitales, traumas, problemas graves y organizan los asuntos personales. Si sobrepasan la crisis tenemos que saber actuar. Al paciente en crisis no se le debe dejar solo. Si éste recae, evite la presencia de armas de fuego y no intente enfrentar la situación solo. Busque ayuda inmediatamente. Mientras espera por la ayuda, escuche a la persona con atención. Hágale preguntas para saber qué métodos de suicidio está considerando y si tiene un plan organizado. Recuérdele a la persona que hay ayuda disponible. Suicidarse es sinónimo de heridas y de crisis. ¿Qué puede hacer el profesional de ayuda? Debe escuchar al paciente porque éste lo necesita. Recorra las etapas de su vida: ir al niño, después al adulto, y finalmente, estudiar la crisis. En algún momento deben haberlo herido profundamente. La función del profesional es ayudar al paciente para que cure el dolor. Menciónele y ofrézcale la ayuda.

Debemos saber que el veinte por ciento (20%) de los suicidas cometen el acto después de una reunión familiar. Pelean y salen las viejas heridas. Sin embargo, en vez de buscar la solución se suicidan. Se recomienda evitar las situaciones familiares negativas. No vaya a las reuniones familiares a culpar a los demás por asuntos del pasado. No les haga a los demás, lo que a usted no le gustaría que le hicieran. Piense antes de hablar. Hablar sin pensar ocasiona situaciones desastrosas. Viva y deje vivir. No se inmiscuya en los asuntos personales de los demás. Evite comentarios como éste: *"Chico con esa barba que feo tú te ves"*. Entienda que cada cual escoge su propia forma de vida. También, respete a los familiares mayores. Cuide sus modales y utilice la risa como el mejor remedio para expresar e impartir felicidad. Las desavenencias internas se discuten en otros momentos. No se detenga en nimiedades. Esto es semejante al predicador que habla bien durante la primera media hora y después de ese tiempo comienza a decir disparates. Sea directo, conciso y preciso; esto es lo recomendable. No hable de más. Ame su familia y anime a los deprimidos. Una vez yo regresaba de un viaje en avión y había una familia que esperaba a un familiar deprimido con un letrero que leía: "Fulano te amamos". Me dijeron que se habían propuesto sacarlo de la situación en la que había sucumbido.

Nadie se suicida por un solo factor. Siempre hay varias areas álgidas que deben sanarse. Un mal hijo puede ser el resultado de una madre terrible. Eso no se le puede mencionar al hijo porque toca un área sensible que le recuerda cómo la madre fue con él. La verdad es que si un niño tiene un buen desarrollo, en la adultez se enfrenta positivamente a los obstáculos y problemas. El caso mas dramático de fortaleza y salud mental es el caso de la esposa de un pastor que cometió un error. Frente a la audiencia televisiva sostuvo: *"Si mi esposo falló en algo yo debo de tener responsabilidad, es el tiempo de llorar y es el tiempo de reflexionar. No puedo pastorear porque todos estamos en crisis"*. Al siguiente día, la primera plana del periódico publicaba el calificativo de *"mujer virtuosa"*. Ella había respaldado valientemente a su esposo en medio de la crisis.

La gente me pregunta *"¿Doctor, cuáles son las causas más comunes del suicidio?"* Una de las más comunes es el efecto del divorcio en un niño de menos de cinco años. Un divorcio es devastador y mucho peor si el niño piensa que fue la causa del divorcio. Otras causas son: el abuso de drogas, la falta de empleo de los padres, problemas financieros en el hogar, el aislamiento, la familia, los amigos, el rechazo por parte del novio o la novia, la violencia o abuso familiar, la falta de éxito en los estudios y la depresión. Se ha estimado que el setentaicinco porciento (75%) de las personas que se suicidan están deprimidos. A esta situación la agudizan otros factores como la crisis de la mediana edad, la violación sufrida de niño y la sensibilidad. Cuando la persona descubre y entiende que no fue amado en su niñez y a su vez, carece del mecanismo de defensa para superarlo, surge su hipersensibilidad. Además, si está deprimido, se han unido dos factores mortales.

Las reglas de Bill Gates son recomendables para la buena salud mental. La vida no es justa, acostúmbrate a ella. Al mundo no le importa la autoestima de los demás. El mundo espera que uno logre algo, independientemente de que uno se sienta bien consigo mismo. Uno no puede decir en el trabajo *"estoy deprimido"* porque lo marginan o lo despiden. El trabajo humilde no le quita ninguna dignidad al individuo. Siempre es una oportunidad de crecimiento y superación. Si los individuos se equivocan, no es culpa de los padres. No lloren por los errorres, aprendan de ellos. Las malas decisiones destruyen la vida, si no se aprende de los errorres. Cuando nace el primer hijo los padres entienden la seriedad de la vida. Tienen que pagar las cuentas, más pagar los gastos cuando se le enferma un hijo. Los padres luchan por pagarlo todo.

En la escuela puede haberse eliminado la diferencia entre ganadores y perdedores, pero no en la vida real. Hay unos que ganan y otros que pierden. Hay que adaptarse a la vida. Ésta no tiene vacaciones. Hay que ser amables con los demás pues en los momentos difíciles son los que ayudan. Cuando era Vicepresidente de Administración de la Cooperativa de Seguros Múltiples empleé varios amiguitos míos que me suplicaban: *"Hugo, tírame la toalla. Estoy mal"*. Yo los empleaba en algún puesto. ¿Cómo usted se va a poner en contra del pastor de su iglesia? Un feligrés me dijo una vez: *"Yo me llevo bien con todo el mundo menos con mi pastor"*. El pastor es el líder. Es el que firma las recomendaciones. Hay que tratar de entenderlo o decidir cambiarse de iglesia.

¿Qué es la prevención para el suicidio? La prevención general son las conferencias informativas y el apoyo que brinda la comunidad cristiana. La iglesia contribuye a que los cuidadanos estén en mejores condiciones de manejar los eventos vitales sicotraumáticos y a mitigar los daños. En una conferencia que dicté en Chicago, le sugerí a los asistentes tres posibles talleres, y ellos escogieron el de abrir la maleta. Cuando empezamos a abrir la maleta hubo llantos y gritos. Al finalizar me abrazaron y una pastora me confesó que le pediría perdón a sus hijos. El taller de abrir la maleta es fuerte. Si un participante tiene un hijo que es homosexual y dice *"yo soy inocente"* a lo mejor no lo es del todo.

No es fácil abrir esa maleta. Cuando uno abre la maleta y descubre que es alcohólico porque fue un hijo no deseado, eso es terrible. Abrir la maleta no necesariamente es lo mas simpático ni completamente saludable. Hay pastores que nunca han abierto la maleta y cuando la abren descubren por qué tienen tantos problemas. Un pastor me expresaba lo siguiente de otro pastor: *"Me cae mal"*. Yo le pregunté: *"¿Por qué?"* Me contestó: *"Es un tipo fuerte"*. Le sugerí: *"¿No se te parece a tu papá?"* Asombrado me cuestionó: *"¿Quién te lo dijo?"* Entonces pensé: *"Pobre hombre, tiene parecido con el objeto de su esquizofrenia, su papá"*. Ese pastor siempre va a tener problemas si no sana su maleta. Si la sana, llegará el día en que abrazará a su colega y le expresará verbalmente que lo quiere.

Las Iglesias terapéuticas indirectamente previenen los problemas de sus hermanos. Estas Iglesias son las que se encargan de divertir a sus miembros. Planifican jiras, celebran banquetes, van a piscinas y llevan a los niños a jugar junto con el pastor. Una vez una madre regañó un niño porque me hizo una bromita. El niño le contestó: *"El pastor es amigo mío"* porque él tiene confianza conmigo, ha ido a mi casa, ha jugado conmigo" Sin embargo, la broma a mí me cayó bien porque el niño reconoce en mí un amigo.

La prevención directa consiste en evitar los comportamientos que pueden llevar a un niño a sufrir de traumas. Se deben esconder las pistolas, controlar la disponibilidad de sustancias tóxicas y disminuir la atención hacia los reportes de las noticias sensacionalistas. Cuando comenzó la Guerra de Irak, se publicaban constantemente y de manera sensacionalista las noticias por televisión. Los pacientes llegaban hasta mi casa para que les ofreciera terapia. Uno de los primeros tres casos fue una niña que tenía miedo porque creía que el mundo se iba a acabar. Por tal razón, es necesario que los padres controlen lo que sus hijos ven por televisión y por la Internet.

El tratamiento adecuado para personas con riesgos suicidas por razones siquiátricas, para enfermos somáticos en hospitales generales, para grupos de elevados riesgos y para personas en crisis es ponerlos a trabajar. Estar ocupados evita que el posible candidato se suicide y con la ayuda de un profesional la victoria está garantizada. El profesional de ayuda es el consejero que se da cuenta de los cambios. Debe decirle: "*¿Mi amor qué te pasa? Tú no eres así, estás hablando solo, estás muy nervioso, vente vamos quiero ayudarte*". No debe presionar al paciente. Cuando una persona piensa en suicidarse, empieza con dificultades de comer o dormir, muestra cambios radicales en su comportamiento, se aleja de sus amigos, pierde interés en sus aficiones, deja la novia porque no tiene tiempo, se prepara para morir, escribe su testamento. Además, puede engordar o rebajar, habla solo, de ser una persona callada se convierte en una agresiva. Estos cambios son indicadores de que está muy enfermo. ¡Cuántos habrán tenido estos feligreses en sus Iglesias!

Para ayudar a una persona que amenaza con suicidarse o que está en el proceso de suicidio se le debe preguntar directamente: ¿No me digas que tú estás pensando en quitarte la vida? Es posible que le conteste que ha considerado esa alternativa. Esté dispuesto a escucharle, deje que la persona exprese sus sentimientos. "*¿Tú sabes que a mí* *me ha fallado todo el mundo y el último que me falló fue mi pastor?"* No lo juzgue, no empiece a decirle que Satanás se lo lleva. No lo va a poder ayudar así. Debemos acordarnos que pensar en el suicidio es un trastorno. La persona está pensando mal. Es imprescindible que un profesional de ayuda esté disponible. Se recomienda que no se desafíe a la persona a que se suicide o que se le jure guardar el secreto. Hay que buscarle ayuda. Explíquele que hay alternativas disponibles y tome medidas prácticas. Si hay armas mortales cerca, aléjelas y busque ayuda de las agencias especializadas.

Los problemas de los suicidas surgen del fenómeno del inconsciente, pero la decisión es consciente. El fenómeno del inconsciente produce incapacidad de soportar el dolor, de pensar claramente, de tomar decisiones, de ver alternativas, de poder dormir, comer o trabajar; de salir de la depresión, de imaginar un futuro, de ver su propio valor, de lograr que alguien le preste atención y de lograr el control de la situación. El mejor ejemplo es el del líder de la iglesia que se suicida. Éste puede ser el director de la escuela bíblica dominical o la presidenta de damas. Son líderes de la iglesia que todo el mundo cree que son campeones de Dios. La realidad es que están en crisis y como falsamente se cree que los campeones no necesitan ayuda, ellos toman la decisión de suicidarse con rapidez y sin buscar ayuda.

Hay que estar pendiente a los líderes porque aparentemente en ellos las señales de suicidio escasean. Sin embargo se notan los indicadores en los abruptos cambios de personalidad. Inmediatamente que se perciben hay que decirles que necesitan ayuda. En una iglesia que yo pastoreaba, un hombre que poseía como tres millones de dólares me dijo: *"Pastor estoy en una crisis económica"*. Inmediatamente, le ofrecí consejería. Le dije: *"Estás mal, necesitas ayuda"* Él me preguntó: *"¿Por qué, pastor?"* Yo le contesté: *"Porque tú no estás en ninguna crisis económica".* Le pregunté: *"¿Cuánto dinero tienes en el almacén?"* Él me contestó: *"Tengo 1.5 millones".* Volví a preguntarle: *"¿Y cuánto estás haciendo?"* Él contestó: *"Bueno, antes hacía cuarenta mil (40,000), pero ahora no hago más que treinta".* Yo le advertí: *"Tú tienes más dinero que todos juntos en la iglesia. No vuelvas a decir que estás en crisis económica".* Entonces se sentó y me dijo: *"Es que yo me siento muy mal y esa es la verdad".* Le dije: *"Te sientes deprimido, te sientes mal, pero no es por problemas económicos".* El pensamiento disfuncional se nota en todos los aspectos de la vida de un individuo. Éstos son sentimientos abrumadores de culpabilidad, de vergüenza y de odio hacia uno mismo.

Una joven de la iglesia me dijo un día *"¿Pastor, verdad que yo soy fea?"* Le contesté: *"No muchacha tú eres muy bonita".* *"Hay que buscarte un espejo porque parece que el de tu casa no sirve".* Este es el caso de una muchacha guapa que alguien por molestarla la llamó fea y ella se lo creyó. Ese pensamiento negativo la ha esclavizado. El consumo de alcohol o drogas, la pérdida reciente, el divorcio, la separación, la pérdida del trabajo, de dinero, de la condición social, la autoestima, la muerte son causas de depresión y de posibles suicidios. Por ejemplo, una persona que está casada por treinta años y pierde a su pareja cae en un estado de soledad horrorosa, atendí un caso muy dramático: A un anciano se le murió la esposa después de sesenta años de matrimonio. Les dije a los hijos que se lo llevaran porque él no a resistir la soledad. Decidieron que no y a la semana amaneció muerto por la tristeza. Muchas veces me llamaba de madrugada para decirme: *"¿Pastor, qué voy a hacer ahora solo? ¿a quién yo voy a atender?"* Él empezó a hacerse unos planteamientos existenciales que no los podía resistir. Cuando usted descubre que su vida ha terminado, en realidad terminó. Si yo hubiera logrado que su hijo se lo llevara a vivir con él a Estados Unidos, al mes hubiera superado la tristeza y más porque este anciano quería mucho a su nieta.

Es bueno ventilar el tema del suicidio con una persona en depresión, discutirlo sin dar señales de sorpresa o desaprobacion, sacar a relucir el tema del suicidio porque le demuestra a la persona afectada que se le está tomando en serio. Si además uno lo abraza y le recomienda que no piense en el suicidio porque eso destruye, se sorprenderá porque hace tiempo que él piensa que nadie lo ama. Si la persona bebe alcohol y padece de otras enfermedades mentales tenemos la mitad de la pelea perdida. Si la persona se aisla hay que sacarlo del cuarto. Ir a los hospitales es realmente uno de los trabajos que hay que hacer. Un profesional de ayuda o consejero, ayuda a su pastor. Si nos ocupamos todos los unos de los otros se produce el éxito. Al final del camino el suicidio es el trastorno más importante que nosotros podemos prevenir. Usted está al lado de una persona que dice: *"Estoy cansado de vivir"*. Usted le da un abrazo y le dice: *"De ninguna manera que tú eres una columna labrada de esta iglesia." "Tú eres lo más valioso para nosotros". "Vamos a orar por ti"*. Llévelo al altar y este proceso le salva la vida pues lo saca del dolor.

Capítulo 6
FRONTERAS CON LA ENFERMEDAD MENTAL

Capítulo 6

FRONTERAS CON LA ENFERMEDAD MENTAL

Hace algunos años, una mujer de mi familia, me llamó porque su hijo de diecisiete años no hablaba, se sentía muy cansado y sólo miraba al techo de su cuarto. Lo visité y me expresó: *"Hugo, tengo la mente en blanco".* Mi consejo fue: *"Hay que hospitalizarlo de inmediato, está muy enfermo".* La madre se molestó conmigo. No creyó en el diagnóstico y me llamó *"profeta del desastre".* Le contesté que el joven estaba al borde de un colapso muy grande y que se preparara porque de cuarentiocho a setentidós horas le surgiría un brote sumamente peligroso.

Cuarentiocho horas después, el joven salió del cuarto de manera agresiva; rompía y lanzaba todo lo que encontraba a su paso. La policía lo arrestó y lo llevó con camisa de fuerza al hospital de siquiatría. La madre se enfermó gravemente y me pidió que la ayudara. Realicé las gestiones de hospitalización del joven y antes de sesenta días mostraba signos de franca recuperación. El diagnóstico fue "Borderline Disorder", frontera entre la sanidad y la locura. En esta etapa el paciente todavía no ha pasado al mundo de la insanidad mental.

En otra ocasión, un pastor me pidió que ayudara a su esposa. Ella hablaba incoherentemente, se salía de la iglesia y comenzó a odiar a los feligreses. Me ocupé del caso. Le asigné unas vacaciones de sesenta días y se recuperó totalmente. El diagnóstico fue "Burn Out". Los afectados por "Burn Out" son personas que se esfuerzan excesivamente en sus trabajos. Los síntomas se pueden confundir con depresión, insatisfacción y excesiva sensibilidad.

Un día una madre me lleva a su hijo de catorce años a mi oficina. El jovencito estaba bajo los efectos de las drogas. Me confiesa, sin inmutarse, que desde los diez años usaba todo tipo de sustancias. Ante el impacto de la confesión, la madre que lo acompañaba cayó al piso. El joven no se inquietó. Auxiliamos a la madre. Luego, el joven me dijo tranquilamente que vendía drogas para mantener el vicio. Identifiqué el diagnóstico rápidamente: sociopatía avanzada. Los sociópatas son capaces de destruir el mundo y permanecen completamente tranquilos.

El "Borderline Disorder", el "Burn Out" y la sociopatía avanzada son tres desórdenes mentales fronterizos con las enfermedades mentales. Los pastores y otros profesionales de ayuda debemos conocer estas condiciones para brindar la ayuda pertinente a los feligreses que padecen estos síntomas. Una persona que sufre de "Borderline Disorder" parece un enfermo mental, aunque no lo sea. Es agresivo, usa un vocabulario incoherente y sufre de pérdida de la realidad.

"Borderline Disorder"

Otro día me trajeron a mi oficina a un hombre que en poco tiempo había aumentado muchas libras. La esposa me dijo en secreto: *"Él ha subido como cincuenta libras en menos de un mes"*. El hombre señalaba que yo era gordo. Este comportamiento de atribuirles características propias a los demás es un mecanismo de defensa llamado proyección. Las personas afectadas responden a su condición con llanto, con paranoia (*"ustedes están en contra mía"*). Si no se ayudan a tiempo, son candidatos potenciales al suicidio. Esta persona estaba sufriendo de "Borderline Disorder".

El "Borderline Disorder" o desorden de personalidad fronterizo, se caracteriza por la impulsividad e inestabilidad anímica. Es producto de causas sicológicas y neurológicas. En el cerebro del paciente se ha producido un desbalance químico que se puede tratar con medicamentos o en algunos casos con productos naturales. Se diagnostica con más frecuencia en mujeres, aunque los estudios en Puerto Rico indican proporciones semejantes en ambos géneros.

El "Borderline" es un desorden de personalidad fronterizo con la enfermedad mental. Entre los síntomas comunes están los cambios drásticos de humor, irritación, ansiedad, furia descontrolada, amenaza de suicidio y relaciones personales inestables las personas con este desorden son categóricas en sus juicios y creen que nadie los ama. Podemos tratar el desorden con terapia y medicamentos. Las pastillas disminuyen la ansiedad, pero se necesita el tratamiento para investigar la causa del trastorno. Tuve un paciente cristiano, un superintendente de escuela bíblica, a quien su pastor le pidió la renuncia. Este hermano reaccionó con agresividad y sufrió un brote que traté en mi oficina. Estos hermanos que reaccionan de esta manera están enfermos.

El desorden de personalidad fronterizo puede agudizarse con otros desórdenes. Imagínese que se enfrenta con una tensión menor, como lo es una rueda pinchada de su auto. Decide cambiarla, pero inesperadamente le da coraje y con un palo golpea repetidamente el auto. Esta reacción es un "Borderline Disorder". En lugar de buscar y aceptar una solución, su mente entra en pánico; se desarrolla un sentido de incapacidad, posiblemente le da dolor de estómago, de pecho, ganas de vomitar, coraje, la ansiedad crece y se siente agobiado. Usted sabe que es una reacción excesiva. Se pregunta ¿qué me pasa? Los próximos minutos son cruciales pues le surgen pensamientos de que es un fracasado. Cuando la reacción ante un problema cotidiano es excesiva, la persona sufre de "Borderline Disorder". Una de mis frases es: *"No se deje esclavizar de su propia mente"*.

En la iglesia podemos identificar miembros con el padecimiento de desorden fronterizo. Cuando se celebran unas elecciones para un puesto de un cuerpo ministerial y un hermano pierde, puede reaccionar tranquilamente y decir: *"A lo mejor el Señor no quería que yo saliera"*. Si a la siguiente semana dice: *"Esta gente me traicionó, son unos hijos del diablo, unos bandidos, yo me voy de esta iglesia, yo no quiero saber del pastor, ni de los miembros, ni de nadie"*; este hermano continuó con un pensamiento circular que resulta en pánico y cae en un "Borderline Disorder". El sistema nervioso fue creando sensaciones de vacío, entumecimiento y una parte se va de la realidad. Esta persona necesita ayuda, demostración de afecto y apoyo. Hay pensamientos y fantasías en las personas de las que no se tiene conocimiento.

Cuando la conducta de un paciente le ocasiona problema financieros, interpersonales, físicos o legales, significa que su problema se ha agudizado. En ese momento, los profesionales de ayuda son imprescindibles. ¿Cuántas familias cuentan con miembros que son enfermos mentales? En casi todas las familias se pueden encontrar algunos. La genética es otro factor que acelera el desorden fronterizo. Si un padre fue alcohólico, el hijo hereda genéticamente la misma predisposición. La predisposicion genética al alcoholismo está probada científicamente. Como genéticamente somos débiles, es recomendable la práctica de una buena salud preventiva que incluya un periodo rutinario de vacaciones.

Los hechos indican que el origen médico del "Borderline Disorder" es impresionante. Un componente que acelera el desorden fronterizo es la falta o exceso de la serotonina en el cerebro. La serotonina puede causar ansiedad, depresión, cambios de humor, percepción impropia del dolor. Cuando se tiene en exceso es peor: puede causar depresión y optar por el suicidio. Si falta la serotonina se produce una reacción negativa y si tiene en exceso, también. Vemos la misma reacción en un paciente que padece de diabetes. Le hace falta azúcar y cae desmayado al piso. Si tiene exceso de azúcar le puede producir un derrame cerebral. No se sabe qué hace más daño: la falta de serotonina o su exceso.

El "Borderline Disorder" es una enfermedad neurológica devastadora que puede destruir la vida. El nueve por ciento (9%) de los pacientes se suicidan. Los profesionales de ayuda son importantes porque pueden ayudar a salvar al enfermo mediante la consejería y la intervención para medicación. El tratamiento sicológico se utiliza para volver a entrenar el cerebro. Como el paciente está en una etapa difuncional, la medicación se necesita para reponer el desbalance químico de su cerebro. Con esta ayuda profesional el paciente vuelve en sí. Las estrategias para tratar los padecimientos caracterizados por acciones impulsivas e inestables funcionan en unos casos y, en otros, no. Unos casos se ganan y otros casos se pierden. Esto no quiere decir que un profesional de ayuda sea ineficiente. Quiere decir que la vida no la controla un consejero.

Desde el punto de vista del sicoanálisis, las relaciones interpersonales son intensas, inestables y ambivalentes. Me dice un pastor sobre un exmiembro de su iglesia: "Pero chico, si ése era un miembro de la iglesia que se sentaba conmigo en el altar y ahora me dividió la iglesia". Debemos saber que el amor y el odio son expresiones ambivalentes. Otro síntoma de desorden fronterizo son las manifestaciones inapropiadas de irritabilidad. Los que no pueden controlarse y pelean en medio de la iglesia están enfermos. Otros actos recurrentes de crisis como cortarse las manos, tomar sobredosis, automutilarse, los sentimientos de vacío y aburrimiento, la intolerancia a la soledad, la impulsividad con el dinero como es retenerlo o regalarlo son síntomas de "Borderline Disorder".

La persona con "Borderline Disorden" está a punto de convertirse en enferma mental. Manifiesta las caracteristicas del "Borderline", pero no ha pasado la frontera que lo lleva a la insanidad mental. Por eso es que se conoce como desorden fronterizo. El paciente sufre de un desnivel químico en el cerebro. Necesita un tratamiento urgente. Si no se le ayuda en un periodo de dos a cuatro meses pasará al mundo de la insanidad mental.

Burn Out

Los sintomas del "Burn Out" son tristeza existencial y ansiedad permanente. La ansiedad es un miedo difuso porque no se sabe su origen y destino. Se reconoce por la presencia de pensamientos negativos. Un obispo de una iglesia cristiana de muchos miembros me dijo: *"Me cansé, la iglesia no me crece, me voy".* Yo le contesté: *"Pero si tú acabas de hacer una iglesia de un millón de dólares; es nuestra mejor iglesia de la zona norte".* Lo diagnostiqué con "Burn Out" y le recomendé unas vacaciones extensas. Sus pensamientos negativos reflejaban su desbalance emocional. El que está "quemado" piensa que ha fracasado; se pone lento, no duerme o cae en una crisis de fe. Un admirado predicador me comentó: *"Dios no me respalda".* Yo le pregunté: *¿Desde cuándo tú no tomas vacaciones?* Él me contestó: *"Como hace cinco años".* Insistió en que Dios no lo respaldaba. Le pregunté: *¿Tú estás durmiendo bien?* Él me contestó: *"No duermo ni dos horas".*

Otras características de "Burn Out" son la incomunicación y las reacciones sicosomáticas. Los que sufren de incomunicación dejan de hablar y siempre están cansados. Los que reaccionan sicosomáticamente padecen de diarrea, espasmos, sudor en las manos, adormecimiento en los pies, dolores de espalda, pérdida de apetito, toman mucha agua, orinan frecuentemente y tienen presión arterial alta. Reflejan un proceso intenso de desgaste físico. Se les ofrece comida y no tienen hambre. Los pastores, los maestros de escuela, los policías y médicos sufren mucho de "Burn Out".

El "Burn Out" ataca a muchos jóvenes que se sienten agobiados en épocas de exámenes. En esa etapa bajan las notas y salen mal en los exámenes. Si el síndrome se prolonga demasiado, abandonan los estudios y se deprimen. Los pastores también sufren de esta misma sensación de impotencia y desgaste. Le sucedió a uno de los ministros más exitosos de la Iglesia de Dios. Pastoreaba una iglesia de muchos miembros, que se había esforzado en remodelar. Inesperadamente, reportó que se sentía fracasado. Le pregunté: *"¿Cómo puede estar fracasado el mejor pastor de nuestra denominación?"* Le asignamos unas vacaciones y el hombre superó el "Burn Out". Los síntomas principales del "Burn Out" son: mareos, dolores de cabeza y musculares, dolores en la nuca y espalda; diarreas, infecciones; trastornos digestivos, respiratorios y circulatorios; variaciones de peso. También, la menopausia es un factor precipitante del "Burn Out".

El "Burn Out" se asocia con la sobrecarga de trabajo. Es un síndrome de desgaste en los profesionales cuando se desmoralizan, se agotan física y emocionalmente; sufren pérdida y disminución de los recursos emocionales. A éstos los controla el fenómeno de la despersonalización. Se deshumanizan, se tornan emocionalmente distantes. Les afloran actitudes negativas y hostiles. Se tornan despreocupados y les disminuye el interés por la realización personal.

Otro fenómeno distinto al "Burn Out" es la demonología. La persona endemoniada se expresa, pero quien realmente se manifiesta es un demonio. Dondequiera que haya un enfermo mental puede complicarse con que haya un demonio manifestándose: un paciente de un hospital reconocido quien lo mantenían controlado con camisa de fuerza, tenía un demonio. Un predicador visitante reconoció su estado espiritual y oró por él. El paciente cayó al piso y cuando se levantó estaba sano. El siquiatra se convirtió a Cristo. Los demonios y la enfermedad mental no deben confundirse. Cuando los demonios controlan a una persona se nota rápidamente. Uno le dice *"Repite conmigo: La sangre de Jesucristo me limpia de todo pecado"*. El enfermo se arrodilla y lo repite; el endemoniado, no.

Sociopatía Avanzada

Por otro lado, están los trastornos de personalidad antisocial. Los pacientes parecen estar cuerdos, en realidad, están dementes. Un individuo con trastornos de personalidad antisocial, quebranta la ley constantemente, miente, roba y a menudo, se involucra en riñas. Es problemático: descuida su seguridad y la de los demás y demuestra ausencia de culpa. Son personas que aparentan estar sanas, pero realmente están enfermas. Esta condición evoluciona y en un brote, dependiendo del caso, se puede manifestar como "Borderline Disorder" o como Burn Out".

El trastorno antisocial es una condicion psiquiátrica que está caracterizada por conductas permanentes de manipulación, explotación o violación de los derechos de los demás. La diferencia entre el sociópata y el sicópata es que, en el primero, la influencia de su condición es social. En el sicópata la condición es genética. Éste es malo de nacimiento. Un niño con esta condición se identifica porque le puede poner petardos a los lagartijos y envenena a los gatos sin inmutarse. Cuando la madre le pregunta sobre sus actos, le miente y le contesta que estaba haciendo experimentos y éstos no fueron exitosos.

A pesar de que los sicópatas y los sociópatas se parecen, en realidad, son muy diferentes. La condición genética de los sicópatas no les permite la rehabilitación. Les gusta lo que hacen. Recordemos el caso del asesinato ocurrido en una farmacia de Puerto Rico. El juez entrevistó al asesino y éste le explicó por que mató a las personas que se encontraban allí. Le manifestó: *"Bueno, a mí me dijeron que le diera una pela, pero al primero yo le di un tiro, cuando brincó yo me sentí bien así que como quedaban cinco más en el piso le di tiros a todos para que brincaran también y me gustó eso de verlos brincando y los maté a todos"*. Como los sicópatas son enfermos por naturaleza, siempre son problemáticos.

El sociópata puede planificar hacerse el loco para obtener un beneficio. Estudiemos un caso: Traen a mi oficina un paciente con rasgos de sociopatía. Le pregunto al paciente: ¿Qué tú has hecho? Me contesta: *"Bueno, caminé desnudo por la avenida Ponce de León"*. Sigo preguntando: ¿Y qué más tú has hecho? Contesta: *"Pues me comí mi excreta"*. ¿Y qué más tú has hecho? Vuelve a contestar: *"Me envenené"*. ¿Y con qué te envenenaste? *"Me tomé, creo que trece o catorce pastillas de algo"*. Y ¿Qué es lo que tú quieres? *"Una pensión"*. Rápidamente le dieron la pensión. El creía que estaba simulando ser un enfermo. En realidad es un paciente en un estado de gravedad mental. Todo el que se desnuda y camina por la avenida Ponce de León y come excreta es un enfermo mental candidato a ser internado en una institución. No ha simulado ser demente para obtener una pensión.

El sociópata común podría ser el padre incompetente, el padre que le permite todo al niño, o la madre castradora que le exige al niño:

"No hables". Los sociópatas marginados son individuos que nunca han amado a nadie. Se les abraza por primera vez y se echan a llorar. El sociópata agresivo es el que agrede, abusa y mata. El sociópata disocial es el depredador que se enamora, por ejemplo, de las hijas de los pastores y de las mejores jóvenes de la iglesia porque lo sienten como un reto. La persona con trastorno de personalidad antisocial constantemente quebranta la ley, miente, roba y se involucra en riñas.

Hemos estudiado los niños conocidos como Bully's. Éstos no permiten que haya niños buenos en sus escuelas. Hace algunos meses, le envié una carta al Secretario de Educación de Puerto Rico en la que le pedía que separara a estos niños bully's de las escuelas regulares y los agrupara en escuelas especiales. Esto les permitiría a las autoridades educativas trabajar directamente y con efectividad con todos esos niños enfermos. Los niños con trastornos de personalidad antisocial son arrogantes y siempre están enojados. Son agresivos en la escuela y en la iglesia.

Los neurotrasmisores se encargan de regular las endorfinas en el cerebro. Las endorfinas están ausentes en los cerebros de los sociópatas. Esto induce a los sociópatas a asumir una actitud de rebeldía ante las normas sociales, laborales o familiares. Lo expresan con celos, ansiedad y desconfianza exagerados.

Existe otra serie de trastornos de la personalidad. El paranoide se siente perseguido por todo el mundo. El esquizoide o esquizotípico, el que sufre de trastorno antisocial, el que padece de personalidad límite, desarrolla demencia. El que sufre de trastorno histérico de la personalidad y de trastorno narcisista es el hermano que se incorpora a la iglesia y se cree *"la ultima coca cola del desierto"*. Los sicópatas tienen problemas con el lóbulo frontal del cerebro. Esta condición afecta su forma de ver el mundo. Quieren ganar poder, posición social y control de su medioambiente. Esta condición no exime a los pastores que son como cánceres en sus iglesias. Éstos quieren controlar la vida de los feligreses. Algunas iglesias tienen un "loco" en el altar.

Todos los días nos topamos con un sicópata. Una vez, un joven se quejó de otro joven de la iglesia. Me dijo: "*Pastor no voy a ser más amigo de Fulano porque aquí parece un ángel, pero me invita a beber, a buscar mujeres y hacer todo el mal que se pueda*", y me aconseja lo siguiente: "*Muchacho, no te dejes coger de bobo del pastor, nosotros lo que tenemos que hacer es tirar pal' monte*". El joven afectado lo pensó adecuadamente y le confesó a su pastor el problema. El joven sicópata ya no asiste a la iglesia. Pudimos ayudar y salvar al otro joven. Para que la intervención pastoral sea efectiva debe aplicarse inmediatamente.

El veinte por ciento de los seres humanos con personalidad antisocial se oponen violentamente a cualquier actividad o grupo de mejoramiento y disfrutan defendiendo los rumores. Los podemos confrontar con preguntas como: *¿Quién dijo eso?* Ellos nos expresarán: "*Todo el mundo*". Le seguimos preguntando: *¿Quién es todo el mundo?* Y ellos contestarán con generalizaciones. La persona antisocial inventa su opinión y le parece natural lo que dice. Es experto en transmitir malas noticias. Es chismoso y parece un pregonero de mal agüero. Altera la información recibida hasta empeorarla. Oculta las buenas noticias, prefiere comunicar sólo las negativas. Lo peor de este tipo de individuo es que evita los tratamientos profesionales. Son pacientes mentales, aun cuando no se diagnostiquen como enfermos mentales. Fracasan pues son incapaces de manejar sus vidas.

La recomendación a todos los profesionales de la consejería es que salven la vida de su gente, descubran los niños Bully's, identifiquen cuando una persona está en un "Borderline Disorder" o si es un caso de sociopatía avanzada. Actúen rápidamente para que puedan evitar suicidios. Pregúntense: ¿Cuántos pastores toman vacaciones todos los años? ¿Cuántos ministros hace tres años que no toman vacaciones?" Sepan que éstos van camino hacia el síndrome del "Burn Out". Cuando un pastor manifiesta una actitud prepotente y de control absoluto, sepan que están ante un caso de sociopatía avanzada. Estas condiciones fronterizas con las enfermedades mentales no son propias de ningún sector social. Se puede manifestar en todo tipo de personas. Depende de la condición genética o de la experiencia social de cada individuo.

Capítulo 7

EL MUNDO DE LA INSANIDAD MENTAL

Capítulo 7

EL MUNDO DE LA INSANIDAD MENTAL

Se pueden obtener tratamientos efectivos para muchas de las enfermedades mentales, pero desafortunadamente la mayoría de las personas que los necesitan no buscan ayuda para superarlas. Las personas con buena salud mental pueden enfrentarse a los problemas diarios; los que sufren de insanidad mental no lo logran. Las enfermedades mentales involucran malos funcionamientos biológicos que requieren tratamiento profesional. Estas personas necesitan medicación apropiada y un tratamiento sicológico, que las saque de su estado. En Canadá hay hospitales siquiátricos que han logrado rehabilitar hasta el 95% de sus pacientes.

Un aspecto fundamental del tratamiento eficiente para una mente sana es el fortalecimiento de la autoestima del paciente. Una adecuada autoestima más la capacidad de sentir compasión por otras personas son elementos esenciales de la buena salud mental. Aún las personas saludables comprenden que no son perfectas ni puedan significar todo para los demás. Salud mental es tener la capacidad de tener empatía con otra persona Hay una gama de emociones por las que pasan las personas: la tristeza, el enfado, la frustración, las alegrías, el amor y las satisfacciones; debemos comprenderlas para poder manejarlas adecuadamente.

Una vez una preciosa jovencita se enamoró de un joven desaliñado. Él era un tirador de drogas, que se pasaba completamente desarreglado. Un día me presentó a su novio y yo le pregunté: "*¿De dónde lo sacaste?*" Ella me contestó: "*Del pulguero*". Yo le cuestioné: "*¿Y que tú hacías en un pulguero?*" Ella me contestó: "*Comprando*". Yo le expliqué que con esos síntomas ella merecía la hospitalización. Me comentó que todo el mundo la criticaba. Este es un ejemplo de una joven con baja estima que se expresa en la selección inadecuada de pareja. El resultado podría ser fatal.

Tipos de enfermedades mentales

Entre las enfermedades mentales más incapacitantes están la esquizofrenia y la psicosis. La esquizofrenia es la más inhabilitante, pero la más curable porque hay variedad de medicamentos para combatirla. Hay enfermedades mucho más terribles que dañan el tejido cerebral, como los distintos tipos de psicosis.

Cuando en Puerto Rico se puso de moda el consumo de la droga ilegal conocida como "té de campana", les ofrecí ayuda a varios de los usuarios afectados por esta bebida. Un día me trajeron a mi oficina, ubicada en Levittown, a un joven que se mantenía mirando el techo. Había bebido el té de campana y me decía: "*¿Usted no ve los elefantes, doctor?*" Experimenté con muchos tratamientos y finalmente lo pude sacar del estado en que estaba. El uso continuo de esa droga y de otras produce daño al tejido cerebral y entonces no hay solución.

La enfermedad mental, que comúnmente no tiene solución, es la psicosis, producto del uso de drogas o de alcohol y por el resultado de profundas experiencias negativas. En mucho de estos casos existe dano al tejido cerebral. Debemos saber cuándo pedir ayuda. Cuando una persona manifiesta períodos de ansiedad, depresión severa y prolongada, más cambios abruptos en el estado de ánimo, debe recibir ayuda. Estos síntomas pueden venir acompañados de trastornos físicos causados por la tensión: la diarrea, la cefalea y disminución en la capacidad del individuo para valerse por sí mismo.

El profesional de ayuda debe evaluar cómo el paciente funciona en el proceso de la comunicación y en su auto cuidado: la comida, el vestido, la higiene, la apariencia física y en las relaciones interpersonales, en el ámbito social y hogareño. Hay otras características que podemos evaluar: cómo el paciente se relaciona en la comunidad, en su autodirección, en seguir un horario, en el manejo de la salud, en el comer, dormir e ir al baño y el uso del tiempo libre. También debemos fijarnos en su desempeño profesional, pues hay personas que quieren trabajar y otros que no quieren.

Las enfermedades mentales manifiestan signos y síntomas, tales como trastornos de ansiedad, creciente miedo o temor, nerviosismo, latidos rápidos del corazón y sudores excesivos. Entre los diagnósticos comunes están las fobias, los trastornos generalizados de ansiedad y de estrés post-traumático; el trastorno bipolar; el trastorno del estado de ánimo y los sentimientos duraderos de tristeza o felicidad extrema y la disminución del placer en la mayoría de las actividades.

Los que sufren de depresión, de trastornos bipolares y sicóticos; los que sufren de alucinaciones, de delirios, de esquizofrenia y de psicosis alcohólica son pacientes con diagnósticos de insanidad mental. El médico debe fijarse en la conducta del paciente y anotar los detalles del cambio conductual. Debe conocer cuando comenzaron los cambios en la conducta. Si el paciente se ha encerrado físicamente y lleva poco tiempo aislado, tiene salvación, pero si lleva seis meses está en disfunción. Otro factor a considerar en el diagnóstico del paciente es analizar la frecuencia con que ocurren los factores que ocasionan la tensión en su vida.

Un día me trajeron una persona que estaba hablando sola y con incoherencias. La sientan frente a mí y descubrí su problema: la habían botado de la iglesia. Le comenté: *"Tú eres buena, no debieron botarte de la iglesia"* Ahí mismo manifestó la crisis, pero era necesario que sacara su dolor de esa manera para poderlo tratar. Le di un abrazo además de aconsejarla; hoy día asiste a otra iglesia. Los cambios en los patrones del sueño, cambios en el apetito, la preocupación excesiva ocurre aun en los niños. Un niño de siete años de la iglesia me dijo: *"Pastor, las cosas están malas"*. *"¿Quién te lo dijo?"* *"Yo lo sé, la gente no tiene trabajo"*. Un niño no está apto para manejar asuntos que requieren una madurez propia de personas más adultas. Le hablé a la madre y le indiqué que programara el televisor y le pusiera los muñequitos y no las noticias.

El enojo excesivo, la gente con "mecha corta", la felicidad excesiva y los excesos en la alegría o en la tristeza son indicadores de que algo no está normal en la persona. Jesús dijo: *"Estoy triste hasta la muerte"*.... Porque Él como Hijo de Dios, sabía lo que ocurriría. Sin embargo, si una persona reporta que está escuchando voces, viendo cosas inexistentes, o presenta cambios en los hábitos de limpieza, se corta a sí mismo con un arma blanca o se causa contusiones, estamos ante un paciente que debe atenderse. Recuerdo a un paciente que le dije: *"Oiga, dígame la verdad, ¿usted se está bañando todos los días?"* y me contestó: *"Todo el mundo quiere que yo me gaste, pero me niego"*.

Debemos aprender también acerca de los medicamentos y sus efectos secundarios. Los inhibidores selectivos de medicamentos y de recaptación de serotonina se usan para tratar la depresión. Si producen diarreas y trastornos del sueño, problemas conductuales y aumento de peso se debe reportar al médico. El trastorno de la atención es común en los niños. El Ritalín, usado para el manejo de este trastorno, es adictivo y se le debe dar al niño sólo si lo necesita y en las dosis recomendadas. Hay que estar al tanto de los cambios del estado de ánimo del paciente, cuando toma algún tranquilizante. Si la pastilla es para tranquilizarlo, espere ese resultado. Si no ocurre de esta manera, no cambie los medicamentos ni la dosis por su cuenta. Sólo lo puede hacer el médico.

Los anti-sicóticos neurolépticos como Haldol pueden virar la cara si el paciente no lo necesita. El Risperdal, Zyprexa y el Clozaril son algunos medicamentos recetados. El Clorazil afecta los riñones. Los ansiolíticos son para contrarrestar los trastornos de ansiedad y en ese grupo están el Valium, el Xanax, el Ativan y el Klonopin. Éstos son adictivos; sedan al paciente; le producen inestabilidad y desinhibición. Recuerdo lo que me dijo un paciente: *"Le dieron una cosa a mi mujer que si me descuido quiere tener relaciones sexuales todo el tiempo. Está loca, antes estaba apagada, y le dieron un medicamento que la puso tan activa que si me descuido me desnuda en el medio de la sala."* Ella se defendió diciendo: *"Tú eres el que está flojo"*. Los medicamentos tienen efectos secundarios. Tenemos que aprender cuáles son esos efectos, cuándo y dónde pueden ocurrir.

La neurosis es la menor de las enfermedades mentales. Se presenta en menor grado y el paciente puede realizar sus tareas normales como es trabajar; pero puede manifestarse con gravedad y el paciente no puede trabajar. La neurosis es una alteración mental caracterizada por un alto grado de ansiedad, miedo y obsesiones relacionadas con factores conflictivos personales o ambientales: si un padre no deja salir a las hijas a ningún lugar ni siquiera al cine porque las pueden matar, estamos ante un caso de neurosis aguda. Desgraciadamente, en Puerto Rico, nos pueden matar hasta en el patio, pero esta situación problemática del país no es la explicación adecuada para invalidar el diagnóstico de neurosis de ese padre.

Existe una predisposición de sufrir neurosis en las personas hipersensibles con una emotividad superior, con un alto sentido de culpabilidad, que se sienten afectadas por las tensiones emocionales por los hechos impactantes como disgustos, peleas y accidentes. Estuve con un pastor que pasó una crisis en su iglesia y estaba sufriendo mucho. Si hay pastores que son expertos en iglesias "juleperas", hay otros que no son expertos y esta situación los puede destruir. Me decía aquel pastor: *"Hugo ora por mí porque yo no estoy preparado para esto."* Le di un abrazo y lo apoyé.

Analicemos las alteraciones sicoemocionales ¿Qué son los trastornos psíquicos o mentales? Son anomalías de origen sicológico. Las que comprenden crisis o episodios de distinta duración y son recurrentes, las clasificamos como agudas. Éstas son: la manía, la melancolía y la psicosis delirante. Las alteraciones crónicas son los trastornos de evolución progresiva que perturban de una forma persistente la actividad psíquica. Entre éstas están la neurosis, la psicosis, la esquizofrenia. La esquizofrenia paranoidea puede ser crónica porque no se cura nunca. La vemos en el ejemplo de la persona que llama al pastor y le advierte: *"Mire, pastor, aquellas dos personas que usted ve en aquella esquina, ¿usted sabe lo que hacen? Están hablando de mí"*. Esta persona está mejor en la iglesia alabando al Señor, pero padece de una enfermedad crónica de la que no puede salir.

También, están los trastornos del sueño y los trastornos funcionales, como la tartamudez, los rubores, la eneuresis y la neurosis de angustia. Esta angustia permanente se percibe en los feligreses afligidos de la iglesia. Si se les pregunta qué les pasa, contestan que tienen problemas. Aunque todos tenemos problemas, el diagnóstico de ellos es que padecen de neurosis de angustia. Sufren de taquicardia, palpitaciones, cefalea o dolores de cabeza. Las neurosis fóbicas son miedos productos de experiencias traumáticas y esos miedos se convierten en patológicos y paralizan el buen funcionamiento.

Hace muchos años yo daba tratamientos para curar la claustrofobia. Atendía a cinco ancianas. Parte del tratamiento consistía en montarlas conmigo en un ascensor de carga de un Banco muy conocido en Puerto Rico. Cuando llegábamos, les decía: *"No tengan miedo."* Abría el ascensor y cuando ellas recapacitaban que íbamos a subir hasta el piso quince, comenzaban a gritar. El tratamiento cambió de lugar cuando al mes me llegó una carta del Especialista de Recursos Humanos del Banco. Me informaba que no podían prestarme más el ascensor para mis terapias de claustrofobia. Ellos creían que sus empleados se estaban afectando y se convertirían en pacientes próximamente si seguían escuchando los gritos de las ancianas. El tratamiernto de la neurosis fóbica consiste en el sicoanálisis clásico de enfrentarse a sus temores para analizarlos y resolverlos. En la sicoterapia del descondicionamiento se puede recurrir a una medicación antidepresiva.

La histeria es un tipo de neurosis que se caracteriza por la hiperexpresividad somática de las ideas, las imágenes y los efectos inconscientes, el caracter histérico, espasmos, imposibilidad de tragar, problemas urinarios y dolores sintomáticos. Una de las histerias comunes son los ataques de pánico. La persona está en una crisis. Piensa que se puede asfixiar porque les falta el aire. La mente es terrible, porque la mente le dice que le falta oxígeno, que se va a caer al piso y se va a morir. Hay que recarcarle al paciente que tiene oxígeno, que el ataque va a pasar y que nada negativo le va a ocurrir. Después la persona se da cuenta de que nada le pasó.

La neurosis obsesiva está definida por el carácter forzado de las ideas. Fui a ayudar al pastor en una iglesia de Ponce. Éste tenía un feligrés con neurosis obsesiva que frente a la iglesia expresaba un concepto teológico incorrecto. El anciano era maestro de Biblia y decía: "*Si Dios no se arrepiente (eso es un antropormorfismo) la Biblia no sirve y yo me voy de esta iglesia*" Le sugerí: "*Vamos a discutir este problema teológico en la oficina*" Le indiqué que él tenía una interpretación particular, pero no lo debía decir frente a la iglesia. Le pregunté: ¿Ya está resuelto? Dialogué con él como paciente, no hablé de teología. Él me contestó: "*Si no es como yo digo, me voy de la iglesia*". La neurosis obsesiva está también expresada en los piromaníacos, en los cleptómanos, en la ludopatía, en los jugadores compulsivos y en los hipocondríacos.

La neurosis de ansiedad presenta periodos repetitivos de pánico extremo. Con los síntomas de un ataque de pánico el paciente percibe que se va a asfixiar. Se le debe medicar. Tomar un medicamento hace que la persona se sienta atendida y, por tal razón, comienza a mejorar. Los los síntomas de un ataque de pánico son: presión en el pecho, el corazón late con fuerza, se acelera el vértigo o los mareos, falta de aire, la garganta apretada, sudoración, temblor, náuseas, hormigueo, calentura, escalofríos, sensaciones de irrealidad, miedo de perder el control y sentimiendo de perder la cordura.

¿Qué causa los trastornos de ansiedad? El ejemplo de la alarma de fuego lo ejemplifica con claridad. Imagínense que hay una alarma de fuego en su casa, la alarma suena y usted corre a ver el fuego. Busca el fuego y no lo encuentra. Lo que sucede es que la alarma esta dañada. Así funciona el cerebro. La alarma celebral está prendida y no pasa nada. El cuerpo, por error, recibe una alarma, aunque no hay peligro. Las neurosis fóbicas son aquellas en donde el miedo es el factor dominante. A mí me encanta cómo los niños bregan con las fobias de las madres. Los niños de diez años o menos, si ven una cucaracha, van corriendo y la matan. La madre posiblemente grita.

Conozco un caso muy interesante de fobia al color rojo. Comienza cuando una niña de menos de cinco años presenció cuando su padre mató a su madre. Como la sangre salpicó delante de ella, jamás puede vestirse de rojo ni lo tolera en otros. De adulta, cuando va a los sitios donde hay mucha gente vestida de rojo, abandona el lugar. El rojo significa su tragedia. La ayudé a mejorar, pero no es como para ella ir a un sitio y ver diez o doce vestidos de rojo porque se va. Desarrolló una fobia social con el rojo que es un color muy común.

Hay personas que han sufrido traumas debido a accidentes o por muertes de seres queridos o de compañeros de trabajo y desarrollan fobias ocasionadas por esas experiencias traumáticas. Las experiencias traumáticas ocurridas en la niñez son las que producen las fobias de ansiedad.

La psicosis es un estado mental donde hay deterioro o menoscabo de las principales funciones psicológicas y emocionales. La psicosis se produce en el esquizofrenico y también se puede desarrollar en un alcohólico. La psicosis del alcohólico surgió como resultado del alcoholismo y no de la esquizofrenia. El estado de desorganizacion mental y cerebral puede ser como consecuencia de una enfermedad psiquiátrica o de una enfermedad física. Si el paciente tiene una gran falta de azúcar, le puede sobrevenir una psicosis y no una esquizofrenia. En este caso la psicosis la ocasiona los problemas de la glucosa. La psicosis y la esquizofrenia no son sinónimas. La esquizofrenia es una enfermedad psiquiátrica. La psicosis es una enfermedad que en muchos casos tiene desgaste del tejido cerebral y en esos casos es incurable.

Hay drogas muy poderosas que también pueden producir daño al tejido cerebral. Los síntomas cardinales de la psicosis son los trastornos de la percepción, la desubicación de la realidad y el trastorno de la sensorpercepción. También encontramos conductas desorganizadas y juicios pobres, menoscabo de la personalidad analítica y trastorno del pensamiento.

La psicosis extrema es irreversible. La adicción a drogas produce psicosis y daña el tejido cerebral. Cuando decimos que la psicosis es un síntoma de la esquizofrenia todavía hay esperanza de mejoría o recuperación. La psicosis es lo más parecido al mundo de la enfermedad mental y a una enfermedad terminal irreversible. La gente que bebe alcohol y usa drogas se expone a esta enfermedad.

La esquizofrenia es uno de los desordenes psiquiátricos más conocidos y de mayor potencial incapacitante que existe. Mucha gente confunde la esquizofrenia con la psicosis porque los pacientes son psicóticos emocionales. Para que se pueda diagnosticar la esquizofrenia, el paciente debe tener un estado mental de disfunción. Puede haber psicosis en los bipolares y por cambios fisiológicos o metabólicos.

Los síntomas característicos de estas condiciones son delirios, alucinaciones, articulación verbal desorganizada, conducta desorganizada o catatónica. Por ejemplo, tuve como paciente al hijo de un millonario en un hospital de psiquiatría. Me ofreció cinco mil dólares si lo ayudaba. Yo iba todas las tardes a visitar al paciente catatónico. Conseguí hablar con la familia y otras personas allegadas al joven y descubrí que el paciente iba a la iglesia cuando era niño. Su maestra de escuela bíblica me contó que éste sentía pasión por el Salmo 23. Como el joven se mantenía de espaldas, mis terapias consistieron en recitarle al oído: *"Jehová es mi pastor y nada me faltara, en lugares de delicados pastos me hará descansar."* El primer día me miró sin decirme nada. Todos los días le recitaba el mismo salmo. Al séptimo día se volteó y me dijo: *"¡Qué lindo salmo!"* El resto es historia, antes de veinte días yo había cobrado mis cinco mil dólares. Una de las cosas más importantes es estudiar al paciente, que tienen, que pasó en su pasado y cuándo fueron felices.

Hoy día la esquizofrenia se cura o se mejora y la persona puede volver a trabajar. Existen una serie de medicamentos de avanzada contra la esquizofrenia llamados de última generación. La esquizofrenia paranoica es común en las iglesias. Los afectados tienen el delirio de que la gente los persigue. Cuando un miembro de la iglesia manifiesta, por ejemplo, que *"la presidenta de las damas la tiene en contra mía y eso no es verdad"*, estamos frente a un paciente paranoico.

La esquizofrenia desorganizada produce perturbaciones de conducta desorganizada e inapropiada. Tuve un paciente que se ponía los zapatos al revés. Lo confronté diciéndole: *"Tienes siempre tus zapatos al revés".* Él me contestó que era la mejor forma de ponerse los zapatos. Después tampoco se abrochaba la camisa. Cuando se quitó los pantalones tuvimos que hospitalizarlo. La esquizofrenia catatónica ocasiona inmovilidad motora o movilidad motora excesiva, negativismo, peculiaridades en los movimientos voluntarios o involuntarios, ecopraxia.

Otro tipo de esquizofrenia es la residual o indiferenciada.

La esquizofrenia es un trastorno serio que afecta cómo la persona piensa, siente o actúa. Alguien con esquizofrenia tiene dificultad para diferenciar lo real de lo imaginario. Una vez le pregunté a un pastor por qué se había ido de la iglesia. Me contestó que en la iglesia los hermanos tenían un cuchicheo por las esquinas y él sabía que estaban hablando de él, así que presentó la renuncia. Le pregunté cómo habían reaccionado los diáconos y me contestó que muy sorprendidos y no querían que se fuera de la iglesia. Le manifesté que él necesitaba ayuda siquiátrica.

La esquizofrenia no es un desdoblamiento de la personalidad. La esquizofrenia de personalidad múltiple es una entre mil. Los esquizofrenicos no son violentos, a menos de que estén en brote. No son causa de peligros para otros. La esquizofrenia no la causa problemas en la niñez, ni la falta de crianza adecuada; las causas son genéticas o biologicas, infecciones virales, especialmente, en la juventud y trastornos del sistema inmunológico.

Las personas afectadas oyen y ven cosas que no son; tienen sentimientos constantes de lo que ven y unas maneras de hablar o escribir que son peculiares. Si una persona se siente indiferente en situaciones importantes o es completamente insensible, tiene síntomas esquizofrénicos. Es como me dijo un loco una vez: *"Mataron a tres en la calle de casa, que se chaven ellos se lo buscaron"*. Este es un pensamiento de un esquizofrénico porque esos son sus vecinos, sus amigos; pero a él no le importa porque tiene embotado su sentido de sensibilidad.

El cambio de personalidad es otro síntoma de la esquizofrenia.

Por ejemplo, los viejos que se vuelven homosexuales sufren cambios de personalidad. El aumento en el aislamiento por situaciones sociales, las respuestas irracionales, las amarguras, los temores, la incapacidad de dormir o concentrarse, el comportamiento inapropiado o raro y la preocupación extrema sobre la religión o los cultos son otros síntomas de esta enfermedad.

Los hermanos que presentan pérdida de fe, que dicen que Dios no los ama, que Dios la tiene contra ellos, que el pastor los odia, les da con la madre; hay que atenderlos inmediatamente. Eso es un pensamiento esquizoide y los esquizofrénicos desarrollan un objeto de su esquizofrenia.

La esquizofrenia es una enfermedad debilitante y desconcertante. Distorsiona los pensamientos y la percepción. Las personas cambian bruscamente de un tema a otro, oyen o ven cosas que no son reales. Tienen sensaciones de tensión, falta de sueño, aislamiento social, cambio de personalidad intensos y extraños. La persona desarrolla un vocabulario incoherente y dice cosas sin sentido. Por ejemplo: *"Pastor, me estoy entrenando para pelear con el peso completo del mundo ¿Tú me puedes hacer un favor? ¿Yo necesito un "manager" para esa pelea?"*

El mejor tratamiento para la esquizofrenia es la medicación de anti-psicóticos. La Zyprexa tiene efectos mínimos secundarios, pero el mejor de todos es el Closaril. Éste estremeció al mundo cuando los canadienses empezaron a recetarlo y los psicóticos, más locos del mundo, empezaron a reaccionar positivamente. Trágicamente afecta las encimas hepáticas, aunque cura la mente. El Risperdal es parecido al Closaril y tiene menos efectos secundarios.

La familia y los amigos pueden ayudar a los esquizofrénicos. No deben dejarlos desamparados. Las crisis les producen desestabilización sin embargo, en los amigos y en la familia pueden encontrar comprensión y esperanza. La mayoría de los niveles del dolor los provocamos nosotros cuando no apoyamos a nuestros hijos, amigos y otros familiares cuando cometen errores o son víctimas de traumas. Nuestros comentarios y nuestra manera de juzgar son casi un pensamiento cuasi-criminal. Las personas traumadas lo que necesitan es un apoyo total en medio de su dolor. La mayoría de los problemas nosotros los podemos evitar.

El trastorno bipolar se manifiesta en una conducta maniaco-depresiva, en alteraciones y anormalidades; o en alegrías, manías y depresión. Lo triste es que sin un tratamiento adecuado terminan en el suicidio. También implica sentimientos de euforia, aumento de energía, autoestima exagerada, irritabilidad extrema, poca necesidad de dormir, juicios erróneos, un periodo ininterumpido de comportamiento que es distinto al habitual, aumento del impulso sexual, comportamiento provocativo, rechazo a admitir que algo anda mal, pero cuando entra en depresión abandona a la esposa; tristeza persistente, ansiedad o apatía, sentimientos de desesperación o pesimismo, pérdida de interés incluyendo el sexo, sentimiento de culpabilidad, pérdida de energía, dificultad para pensar, impaciencia, dificultad para conciliar el sueño, pérdida del apetito y pensamientos reiterados sobre la muerte. Cuando está en hipomanía requiere vigilancia porque puede regalar hasta la casa de la familia. Es terrible bregar con esos pacientes.

El trastorno bipolar es hereditario. Más de dos terceras partes de las familias donde ha surgido tienen al menos un familiar con dicho trastorno o con depresiones mayores. La manera correcta de tratar a los afectados es mediante tratamiento siquiátrico. No es echándoles agua con la manguera para que salgan de la locura, ni obligándolos a realizar tareas de las cuales no están capacitados a hacer en ese momento. Esa no es la forma de trabajar con ellos. La forma es la sensibilización. Vamos a bregar con el problema de esta forma porque de lo contrario usted está empujando al esquizofrénico para que se vaya por el barranco. Naturalmente estos principios básicos de psiquiatría no quieren decir que usted dominará el tema, pero es importante que los ministros por lo menos puedan visualizar los cambios de los feligreses de sus iglesias.

Capítulo 8

FAMILIA, FELICIDAD Y EVANGELIO

Capítulo 8

FAMILIA, FELICIDAD Y EVANGELIO

La felicidad es un estado emocional. Hay personas que tienen todos los bienes materiales y no son felices. La felicidad es intangible; no está determinada por la cantidad de cosas materiales que se posean. Podemos ser dueños de cien factores y si nos falta uno podemos ser infelices. La verdadera felicidad sólo la da Cristo. Por eso lo necesitamos.

El problema más grande de infelicidad de los seres humanos es la falta de higiene mental. Si observamos a los jóvenes que regularmente visitan la ciudad de San Juan, capital de Puerto Rico, nos daremos cuenta que conducen los autos de lujo de sus padres profesionales o empresarios. Siguiendo la costumbre establecida por su grupo social, van a despejar sus problemas y compartir con sus amigos usando drogas y alcohol. Esto es un reflejo que tienen problemas de higiene mental. Un prominente abogado, al que le arrestaron a su hijo, me pidió ayuda. Jamás pensé que este colega pedante, orgulloso y enemigo del evangelio, me llamara con esa petición. En el momento de necesidad, la gente se acuerda de la familia, de la felicidad y del evangelio.

En la Biblia algunos hombres de tierra adentro son los que logran que las cosas cambien. Hay dos buenos ejemplos en la Biblia: una es la historia de Caleb, éste hombre que va donde Josué y le pide permiso para conquistar el monte que Dios le había prometido; otra es la historia de Abraham y Lot. A la hora de ambos separarse, tuvieron el problema de la gente que tiene grandes posesiones: vacas, caballos y cabras. No podían estar juntos porque no había suficientes tierras para su gente y sus pertenencias. Abraham le sugiere a Lot que escoja primero la porción de tierra que le agrada. Y dijo Lot: "*Escojo las llanuras adyacentes a Sodoma y Gomorra*" (*Génesis 13:10-11*) Abraham siguió caminando por las laderas del monte y cuando llegó a la cumbre el Señor le dice: "*Mira al norte, mira al sur, mira el este y mira el oeste; todo lo que tus ojos miran es tuyo porque yo soy el dueño y te las he dado a ti.*" (*Génesis 13:14-15*)

No se deje dominar de su mente, trate de nuevo, no se rinda, no mire para Sodoma. Dios conoce quiénes somos. La fe es combativa, provee confianza. La Biblia dice "no perdáis vuestra confianza, que tiene grande galardón". La gente tiene necesidades fisiológicas. Si usted está en un lugar donde hay hambre y sed y quiere hablar de Cristo, primero denles agua y comida a los hambrientos porque esa es la necesidad primaria.

El pueblo de Israel quería volver a Egipto porque le faltaba agua y alimento. Sin embargo, cuando estuvieron esclavos querían salir de esa región. Otro ejemplo bíblico es el de José. Su familia buscó ayuda porque tenía necesidad de alimentos. Los niños del Residencial Llorens Torres ubicado en san Juan Puerto Rico, asistían a la iglesia Jaweh Jireh y se les servía desayuno. Esa motivación cambió sus vidas y triplicó el número de asistentes porque ellos se dijeron entre sí: "*nos dan comida por la mañana*". Eso les daba seguridad y tranquilidad. En la Biblia dice: "*Venid a mí todos los que estáis trabajados y cargados que yo os haré descansar*" (*Mateo 11:28*).

No hay nada más prometedor para la iglesia que la gente entienda la seguridad y la tranquilidad que produce el evangelio. La iglesia debe lograr que los nuevos feligreses se sientan que pertenecen y son amados por la comunidad de hermanos cristianos. Hay gente que llega a la iglesia muy triste y con necesidad de un abrazo. Fui pastor de una iglesia que sufría de una enorme crisis y todas las noches sacaba tiempo para abrazar a todos los hermanos. Me dio resultados positivos. La Biblia dice que *"el amor cubrirá multitud de pecados"*. Pero si la iglesia no saluda ni abraza a los nuevos hermanos, todo va a salir mal. Debemos ayudar a la gente para que recuperen la estima. La renovación de un hermano alcohólico convertido, implica que va recuperando lo que había perdido: sus hijos, el respeto propio, la influencia sobre su familia, volver a ser amado y volver a tener un trabajo útil. Entonces, la familia se sentirá orgullosa de él.

La gente tiene necesidad de información sobre quiénes son y para dónde van. Las contestaciones a estas preguntas las tiene cada persona. Los países en los que se les va limitando el acceso de información a sus ciudadanos indican que algo anda mal y que el peligro está cerca. También, las personas tienen la necesidad de mantener una apariencia adecuada: vestir bien, hablar bien, tener buen sentido estético. Otra es la necesidad de actualización y autorrealización propia. Estas son necesidades propias de un ser humano feliz.

Los pastores deben motivar para que los feligreses estudien. Las iglesias necesitan personas con preparación académica para que trabajen, para que mantengan actualizada la comunidad de fe y motiven a los demás. Todo el mundo quiere estar en una iglesia buena, positiva y de inspiración.

Las personas necesitan un matrimonio feliz. Cuando se establece un nuevo hogar, la pareja debe continuar con el noviazgo después del casamiento. Dios los une en matrimonio y Cristo debe ser el centro del hogar. Cuando empiezan los problemas matrimoniales, el divorcio no es la respuesta. Mantenga el círculo del hogar estrechamente cerrado para que nadie opine e interfiera en los procesos de pareja. El matrimonio escoge al consejero, pero uno no le debe contar sus problemas a todo el mundo. Evitemos lo siguiente: Una hermana fue donde mí y me dijo: "Pastor, tengo problemas". Yo le contesté: *"Toda la iglesia lo sabe, hermana, usted se lo contó a todo el mundo y yo no soy el culpable de eso, así que yo seré el último que me voy a enterar, siéntese".*

Dios describe lo que es el amor, "...*todo lo cree, todo lo soporta...*" Recuerde que la crítica y vivir con lástima destruye el amor. Cuando un marido dice: *"Mi esposa no sabe cocinar, no sabe planchar"*, él está hablando mal de sí mismo y no de ella porque él escogió a su pareja. El matrimonio no debe excederse en nada, ni ser intemperantes. Veamos cómo se forma un conflicto matrimonial por una situación llamada escalada: llega un matrimonio a mi oficina, tuvieron una peleíta por una "bola de pegao" en un plato de arroz y habichuelas, ella cuenta que el marido le dijo: *"Eso que tú haces no sirve"*. Yo le comenté: *"¿Usted como que le dijo algo más que esa bobería?"* Ella contestó: *"Yo le dije que su madre me cae mal, que él me cae como su mamá y le dije que toda la familia de él era una porquería"*. Yo le advertí: *"¿Es que eso no tiene nada que ver con el plato de arroz y habichuela?"* Ella afirmó: *"No me importa, pero se lo dije"*. Le pregunté: *"¿Y ya se enteraron?"* Ella afirmó: *"Sí, ya él se lo dijo a su mamá, a toda la familia y hasta los vecinos"*. ¿Quién arregla ese desastre ahora? La escalada es la forma más terrible de destruir el matrimonio. En la pelea se dicen disparates difíciles de solucionar. La pareja matrimonial no debe pelear, sino respetar los derechos y las cosas privadas del otro. Ambos deben practicar la limpieza del hogar, ser modestos, cumplidores, sensatos en los asuntos financieros y conversadores con su cónyuge. Cuando tengan que consultar a alguien externo, se debe mantener disponible a un profesional adecuado y no cualquier persona.

Son recomendables las Reglas para el Matrimonio Exitoso, del rabino Zelig Pliskin: concentra la atención en dar más que en recibir, sea cuidadoso en mantener silencio cuando el cónyuge lo insulte. Para pelear se necesitan dos y se debe renunciar a las expectativas irreales, como me dijo una muchacha: *"Pero yo creía que mi esposo era del otro mundo y es un hombre vulgar"*. Después de ofrecerle consejería me di cuenta de que el marido de esta joven era mucho mejor de lo que ella me contaba. Ella tenía unas expectativas irreales. Hay que evitar etiquetar a su cónyuge para evitar las escaladas. Se debe pensar en la manera en que se puede motivar a la pareja para que actúe en beneficio del matrimonio.

Una manera de evitar conflictos en la pareja es utilizando expresiones con un buen manejo de la discreción en el uso de la entrelínea. Por ejemplo, en vez de decirle a la pareja: *"Tú no sabes cocinar"*, se le puede sugerir con justicia y discreción: *"Mi amor vamos a tomar unas clases de cocina"*. De esa forma el mensaje llega con más suavidad porque el marido se identifica con ella al aceptar que tiene la misma limitación.

Sea consciente de que la respuesta que realmente se obtiene irá acorde con la intencionalidad del mensaje. Si el mensaje es positivo, la respuesta es positiva; o a la inversa, si el mensaje es negativo provoca una respuesta desastrosa. La pareja debe tener predisposición para transigir. Este es el problema de los que se suicidan: no ceden. Me esmero en que nunca las personas hablen negativamente: *"Eso es un desastre"* o *"mire, fracasé"* son expresiones de personas que creen han fracasado. Como parte de la terapia, si veo que son padres de dos niños les contestó: *"Y esos dos niños preciosos, ¿qué vamos a hacer con ellos, botarlos al zafacón?"* Entonces reaccionan y reconocen que en su decisión no habían tomado en cuenta a los hijos.

Hay que tener predisposición a transigir. No se debe culpar o condenar a la pareja por los errores que comete. Nadie nace sabiendo. Hay un proceso de aprendizaje. Se debe vivir el presente. Eso de estar recordando cosas de hace diez años no es saludable. Esos diez años le importan al enemigo, a nosotros nos importa el presente. Cristo nos limpió, nos salvó. El presente es del Señor. En el pasado hay errores. ¿Qué puedo hacer para tener una atmósfera feliz en mi casa? Como me dijo un muchacho: *"A ella le gustan las flores".* Ella me confirmó: *"Pastor, él me lleva flores todos los viernes".* Y él me confiesa en secreto: *"Valen diez pesos, pastor. Tengo hasta un especial, como ella se pone tan contenta con ese ramito de flores yo se las llevo".*

La infidelidad destruye al matrimonio la falta de comunicación y la adicción al trabajo. Entonces por cualquier problema salen las palabras soeces e hirientes, como cuando se culpa a la pareja por errores cometidos: *"Tú sabes que en el noviazgo te fuiste con otro".* Eso es escalada. ¿Por qué tienen que hablar del noviazgo? No ayude al cónyuge a evitar caer en lo mismo.

Otro problema con el que se confrontan los casados es la intromisión de terceros en el matrimonio: si una amiga casada opinara sobre el matrimonio de otra amiga: *"yo en tu caso me divorciaría";* esos consejos no se deben considerar. ¿Cómo una mujer casada y feliz le va a recomendar a su amiga que se divorcie? Yo siempre trato que los matrimonios no se divorcien, aunque hay ocasiones inevitables.

Otro asunto que las parejas casadas deben manejar es la intolerancia. Perdonen a su pareja, eviten el coraje y no se auto-engañen. Hay matrimonios en crisis porque tienen la "mecha muy corta". Sin embargo, la Biblia contiene la contestación a preguntas de asuntos de la vida diaria: "¿Es esta la clase de actividad que daña mi cuerpo o mi mente?" "¿Es esta la clase de actividad que puede hacer que otros duden de mi compromiso con Dios? ¿Es esta la clase de actividad que me pueda hacer caer en tentación? ¿Es esta la clase de actividad que puede esclavizarme? ¿Es esta la clase de actividad que glorifica a Dios? ¿Es esta la clase de actividad que Jesús disfrutaría conmigo? ¿Es esta la clase de actividad que puede hacer a otros cristianos pecar? ¿Es esta la clase de actividad que hace el bien a otros? ¿Es esta la clase de actividad que honra a mis padres? ¿Es esta la clase de actividad que contamina mi mente? Estas preguntas ayudan mucho en la toma de decisiones.

La sexualidad en el matrimonio es muy importante. La sexualidad es parte de nuestra naturaleza humana. Me dice una feligrés: *"Pastor, vengo rabiosa, yo vi una pareja de jóvenes dándose un beso en el parking"*. Le dije: *"Vamos a darle un consejo"*. Ella reacciona: *"Pastor, usted lo está cogiendo muy suave"*. Yo le pregunté: *"¿Usted nunca tuvo un novio? Porque los novios se besan y si el padre no los recibe en la casa, a lo mejor ellos se aprovechan para colarse en el parking y darse su besito ¿no lo había pensado?"*. La hermana cristiana no contestó nada. Luego, llamé al joven enamorado y le di un consejo: *"Visita a tu novia en la casa"*.

Dios es el creador de nuestra sexualidad: *"Varón y hembra los creó, fructificad y henchid la tierra"*. *"Dejará el hombre a su padre y a su madre y se allegará y se unirá física, emocional y espiritualmente a su mujer y serán una sola carne"*. Por tal razón, cuando un hombre habla mal de la esposa; está hablando mal de sí mismo. En la Biblia está prohibido el adulterio, la fornicación, el homosexualismo y el bestialismo. Las relaciones sexuales entre el hombre y la mujer están reguladas. La unión santificada es preciosa delante de Dios.

La felicidad y el gozo están implícitos en la unión matrimonial. Cuando una pareja está recién casada se ríen, se ven contentos y felices. Una vez me dijo un feligrés: *"Esa pareja parece que viene de una fiesta"*. Yo le contesté: *"Vienen de una fiesta privada y buena"*. El matrimonio debe fomentar el compañerismo, la protección, la igualdad y la expresión amorosa para que haya un mutuo crecimiento. En el matrimonio es donde se perpetúa la especie. El sexo es natural y especial. La pareja debe expresar sus sentimientos, por eso las caricias son de gran valor. Cultive el amor como una planta. No mire a su esposa como un objeto, sino como una persona que siente. No haga del sexo un ídolo, pero disfrute del amor.

En la familia deben estar juntos el evangelio y la felicidad. Dios y el evangelio pueden hacer mucho por los matrimonios. Los cristianos y creyentes tenemos a quién acudir. Recuerdo un miércoles. Mi secretaria me llamó porque había una emergencia. A mi oficina de Levittown fueron unos padres que estaban desesperados. Su hija había sido ingresada en un hospital de siquiatría. Era una niña de diecisiete años. Todas las cosas negativas le habían pasado a la vez. Todos los niveles del dolor pueden producir tragedias, incluyendo la frustración. Cuarentaiocho horas antes de someterse al examen de entrada a la universidad su novio la dejó. Su novio de compromiso llegó y le dijo: *"He descubierto que no te quiero, adiós"*. La jovencita con un promedio de cuatro puntos, fue al examen de entrada a la Escuela de Enfermería de la Universidad de Puerto Rico y no lo aprobó, entonces terminó en el hospital de psiquiatría. Fue hospitalizada, pero un médico le recomendó que me la llevaran para tratamiento. Me senté con ella y me dijo: *"¿Dios me abandonó?"* Así ella lo interpretó. *"Y como Dios me abandonó yo me quiero morir"*. Se había intentado suicidar. Aunque era una frustración que no había pasado por trauma, trató de quitarse la vida. Yo fracasé en convencerla con la consejería y le dije: *"Mañana vamos para la Universidad"*. El Señor Registrador me atendió, pero me dijo: *"Doctor, usted conoce las normas. Usted es profesor aquí. No se va a aceptar por conexiones"*. Cuando salí de allí ella me dijo: " *Yo se lo dije a usted, Dios me abandonó"*. Me fui directo para las oficinas ubicadas en la Torre de la Universidad. Se estaba celebrando una reunión del Consejo de Educación Superior con el Presidente. Él iba camino a la reunión y le dije que necesitaba hablar con él un caso de vida o muerte. Me atendió en una oficina y yo afirmé: *"La universidad suya no sirve"*. ¿Qué es más importante la vida entera o un solo día? Él me contestó: *"La vida entera"*. Le explique el caso de la joven, cómo la vida entera se le había destruido por un solo día. El Presidente de la Universidad, de ese momento, levantó el teléfono y le preguntó al Registrador: *"¿Qué es más importante la vida entera o un solo día?"* Me envió con la joven donde el Registrador, ya él le había eliminado el examen de ingreso, le había contado el promedio por dos y la muchacha entraba con matrícula de honor.

Dios cambia las cosas. Esa niña se hizo enfermera graduada con altos honores. El novio quiso regresar con ella y le pidió perdón, pero ella no lo aceptó. Ese es el evangelio. Dios interviene y siempre hay posibilidades de un milagro. También depende de nuestra fe.

La familia, la felicidad y el evangelio están íntimamente relacionados. Cuando Cristo es el centro de la familia ocurren cambios profundos y fundamentales. Una vez llegué a una panadería y encontré a un deambulante enfrascado en una discusión con la dependiente. Él siempre venía a comerse tres donas, que se las daban en especial, y ese día se habían acabado. Ella le rogaba que aceptara otros dulces. Él se aferraba a que quería las donas. De pronto manifestó que le gustaría un sándwich, pero no tenía dinero. ¡Qué maravilloso es el evangelio!

Le pagué el emparedado y lloramos todos. Me miró y me dijo: *"Muchas gracias, señor, hace tantos años que yo no comía así"*. Ahí hubo una mezcla de un sandwich, una coca cola, un café, y el poder del evangelio. El poder del evangelio hace que sintamos compasión ante el dolor y la necesidad de los demás seres humanos.

Mi jefe, un prominente cirujano, fue mi mentor. Cuando yo salí del hospital de psiquiatría, él me recibió para trabajar en un equipo de cirugía sofisticada. Un día me confesó que su familia estaba destruida. *"Mi hija es preciosa, pero no sirve y mi hijo va mal"*. Le sugerí: *"¿Mándame a tu hija para mi oficina?"* Yo la llamé y le dije: *"Joven, está citada para el próximo sábado a las diez de la mañana. No falte"*. La joven fue a la cita. Estaba rebelde, pero la ayudamos a rehabilitarse. Aceptó a Cristo como su salvador personal y trajo a su hermanito, a su mamá y a su papá al evangelio. Hoy día es una muchacha ejemplar. Es madre de dos niñas hermosas. ¡Cuando Cristo es el centro de la familia, el poder del evangelio obra de manera maravillosa!

El que no quiera conflictos que no salga a la calle. Todos somos diferentes: en la forma de pensar, de mirar la vida y de interpretar las cosas. La vida se parece mucho al tráfico de automóviles. Muchas personas usan las mismas carreteras, pero van por diferentes carriles y en direcciones opuestas. Otros van demasiado a prisa. Algunos observan las reglas, otros no. Es inevitable que surjan accidentes y choques. Así pasa en los matrimonios. ¿Por qué pelean? Pelean por distintas razones: por la situación económica, por los hijos, por desajustes en las relaciones sexuales, por la intromisión de los suegros, por diferencias en las creencias religiosas, por cuestiones de la fe, por diferencias en los niveles académicos.

Tuve de paciente a una doctora casada felizmente con un conductor de camiones. Una colega, amiga de la doctora, que era muy infeliz, le recomendaba que se divorciara porque consideraba que ese tipo de hombre no era correspondiente con ella. Durante el periodo de consejería en la oficina de Levittown fui descubriendo las razones de su crisis matrimonial. Le pregunté: *"¿Y su amiga qué es?"* Me contestó: *"Es divorciada y odia a los hombres"*. Le dije: *"Bendito, usted, se ha estado aconsejando con el diablo"*. La paciente me comenzó a decir lo que creía sobre su marido: *"El es bueno. Tiene una compañía de camiones y es buen proveedor. Es cariñoso y cuando yo llego la comida está hecha"*. Ella misma lo evaluó. Le pregunté por qué lo había dejado. Me indicó que su amiga decía que ella hacía el ridículo cuando se reunían con los doctores. Yo le pregunté qué le daban los doctores a ella. Yo la iba dirigiendo en la consejería y todos los días salía llorando de la oficina. Lo trajimos a la tercera sesión y se reconciliaron.

Para evitar los conflictos hay cuatro estrategias principales: evitar la escalada, suspender el intercambio destructivo, aceptar la inestabilidad e inevitabilidad del conflicto y aprender a vivir con éste y a superarlo. Cuando un marido no es cristiano, la mujer debe vivir con ese conflicto. Ahora cuando hay un conflicto constructivo uno razona y se identifica con la otra persona. La forma destructiva es manipular al otro, los que son adictos a drogas tienen un alto poder de manipulación. Negocie o busque alternativas dignas, pero no se deje manipular de nadie.

La relación destructiva usa la venganza, la constructiva perdona como Cristo nos perdona. La destructiva guarda pensamientos y sentimientos desagradables; la constructiva expresa los verdaderos sentimientos sin caer en violencia. La destructiva trae recuerdos viejos; la constructiva se queda en el presente. La destructiva comunica el sentir por medio de terceras persona. Hasta donde sea posible luche o defienda su propia causa.

Como hemos repetido anteriormente, la felicidad no está estrechamente relacionada a las cosas materiales. Tenemos que seleccionar la vida. El hombre es un gigante hecho a imagen y semejanza de Dios. Nunca haga nada por su propia cuenta, no se deje dominar de su propia mente. No agreda a quien no desea agredir, la bendición se lucha.

La oración es parte vital de la experiencia cristiana. ¿Cuándo usted ora tiene la confianza de que Dios le contestará? ¿Son sus oraciones específicas o generales? ¿Es su vida de oración una respuesta casual a sus necesidades y deseos, o es de alimento a su vida en el Señor Jesucristo? Enséñeles a sus niños a orar; no acueste a sus niños sin orar y leerles la biblia. La oración no es solamente pedir y recibir; involucre el agradecer, adorar, alabar al Señor. La oración es humana y es divina. A veces es normal que usted se queje, pero es muy importante orar. Uno de los hallazgos de oro más grandes del Perú fue en una mina que dejaron de excavar; se cansaron de excavar. Al tiempo fue otro minero, excavó nuevamente en ese lugar y encontró una de las vetas de oro más grandes del mundo. Hay que tener cuidado cuando uno se cansa; uno se cansa y viene otro y cosecha.

Permítase la felicidad. Perdone y perdónese. Los pasos de perdonar son responsabilidad de cada individuo. Debemos tomar conciencia de que lo que pasó no lo podemos borrar. Si hubo una violación debemos perdonarnos y perdonar al agresor. Aunque haya que apresarlo, hay que hacerlo con compasión. Tuve un caso dramático con una muchacha que es hija de uno de los pastores de nuestra denominación. Yo le daba terapia. Me dio mucho trabajo porque había cometido muchos errores. Era una muchacha alta y bonita. Le dije: *"Muchacha, tú te vendes como un Volkswagen viejo, por qué no te vendes como un Cadillac".* Se rehabilitó y se casó con un cirujano. A los tres días de casada me envió una carta que decía: *"Pastor, me vendí como un Cadillac y me casé con el dueño de un Cadillac".* Si subimos la autoestima valemos, si la bajamos estamos mal.

El dirigente cristiano es un hombre espiritual, de visión y de palabra. Es humilde, paciente y va al paso con los feligreses. Además es bondadoso, comprensivo, responsable, determinado, valeroso, íntegro, sincero, leal a Dios, a su iglesia y a sus hermanos. No guarda resentimiento. El resentimiento es como llevar siempre una papa consigo. En una clase de sicoanálisis, el maestro nos había pedido que lleváramos papas y una bolsa de plástico. Cada estudiante eligió una o varias papas y escribió en ellas los nombres de las personas de las que guardáramos resentimientos. Luego las metimos dentro de la bolsa. El ejercicio consistía en que durante una semana lleváramos con nosotros a todos lados esa bolsa de papas. Las condiciones de las papas se iban deteriorando al paso del tiempo. El fastidio de acarrear esa bolsa en todo momento nos mostró con claridad el peso espiritual que cargábamos a diario y cómo mientras poníamos la atención en ella para no olvidarla en ningún lado, desatendíamos asuntos que eran más importantes. En realidad, todos tenemos papas pudriéndose en nuestra mochila sentimental.

Este ejercicio fue una gran metáfora del precio que pagaba a diario por mantener el resentimiento de algo que había pasado y no podía cambiarse. Cuando nos llenamos de resentimiento, aumenta el estrés, no dormimos bien, y la atención se dispersa. Perdonar y dejar ir el resentimiento nos llena de paz y alimenta nuestro espíritu. La falta de perdón es como un veneno que tomamos a gotas, pero finalmente nos termina envenenando. Por eso a los líderes hay que ayudarlos porque se llenan de resentimientos y nadie los escucha porque son líderes.

Ellos no pueden decir me siento mal, me sentí ofendido. Tampoco es darle la razón al que nos lastimó, sino mediar para buscar una solución. La falta de perdón ata a las personas con resentimientos.

Capítulo 9

LOS NIVELES DEL DOLOR

Capítulo 9

LOS NIVELES DEL DOLOR

La primera vez que ofrecí la conferencia acerca de los niveles del dolor fue en la Universidad de California (UCLA). Me invitó el psicoanalista puertorriqueño, Dr. Josué González Estrella. Los treinta especialistas en modificación de conducta que asistieron la disfrutaron. Al finalizar la conferencia, el Dr. González Estrella expresó: *"Es la mejor conferencia magistral sobre dolor que he escuchado en mi vida. Es la explicación más profunda sobre el surgimiento de los desajustes emocionales y trastornos de conducta".* Desde entonces, he ofrecido esta conferencia internacionalmente.

Los niveles de dolor surgen en la temprana niñez. Un niño empieza a experimentar dolor cuando deja de ser el favorito en la familia porque nace un hermanito. Si es pobre, si los otros niños tienen juguetes y él no, si la madre no lo atiende y lo deja llorar puede sentirse adolorido. Todas estas situaciones parecen insignificantes, pero son evidencias de la realidad de los niños no deseados. El maltrato puede ser percibido por el niño desde el seno materno hasta la edad de dos años. Los años fundamentales para demostrarle amor a un niño son desde que es concebido hasta los cinco años.

A medida que pasa el tiempo el ser humano desarrolla lo que conocemos como sensibilidad. De la misma manera que se puede sentir feliz y complacido; también puede sentirse mal y adolorido. En el caso específico de la iglesia es muy importante que ésta cumpla con la función de ser una comunidad terapéutica. Cuando la iglesia falla en esta función, el feligrés puede sentirse herido y adolorido ya sea por chismes u otras razones. Puede ser que el pastor se exprese fuera de la privacidad de la oficina de manera que haga sentir mal al hermano de la iglesia. En muchas ocasiones, recibo en mi iglesia gente muy adolorida que abandonaron su iglesia por diferencias de criterio. En este primer nivel de dolor podría ser muy sencillo pedir perdón y reflexionar sobre los errores que se cometen.

Una de las funciones más importantes de una iglesia es servir de comunidad terapéutica: en una fiesta de la congregación, el pastor debe compartir con todos los hermanos; conversar con ellos activa la sensibilidad de la feligresía. La mejor terapia para tratar el primer nivel del dolor es pedir perdón. El perdón es el elemento clave para que un grupo funcione con efectividad.

Sin embargo, en el caso de los niños, los niveles de impacto son diferentes. La etapa de formación importante en el niño ocurre desde que nace hasta los cinco años. Éste es un periodo donde ocurre el primer nivel del dolor, la formación y el desarrollo de una sensibilidad extrema. La sensibilidad aprendida puede ser de diferentes niveles. La sensibilidad se vive y también se aprende. Hace muchos años en el día de la celebración de los Reyes Magos en la República Dominicana, vi a una madre camino a la iglesia que llevaba a su niñito vestido muy elegante. Le dije a la señora: *"Oiga amiga déjelo jugar. Hoy es el día de la celebración de los Reyes Magos"*. Se molestó mucho y me contestó: *"¡Nosotros no celebramos eso!"* El niño iba muy triste y con deseos de llorar. En ese proceso de confrontación, le recordé: *"Tiene usted razón, usted ya jugó todo lo que necesitaba, pero el niño necesita jugar"*. Para mi sorpresa el niño, como de nueve años, empezó a llorar y dijo: *"A mí me gustaría jugar hoy, pero mi mamá no me deja"*. La señora lo tomó por el brazo, le dio un golpe y casi lo arrastró. El nivel de impacto fue devastador. Lo mismo observo en las iglesias fanáticas donde jugar béisbol y baloncesto, ir al cine y besar la novia es pecado. Al final del camino empiezan desarrollos más específicos de la sensibilidad.

La rabia, es un sentimiento nuevo y devastador para el niño. Le deja heridas profundas, peligrosas y duraderas. En muchos casos, a largo plazo, produce incapacidad. En este primer nivel del dolor, algunos hemos sido afortunados porque tuvimos una niñez hermosa, una familia unida y confortante. Otros, sin embargo, han tenido una niñez dolorosa, una iglesia enfermiza y una comunidad no terapéutica, sino mutante. Al final del camino algunos salimos del primer nivel con relativo éxito y otros, profundamente heridos y marcados por la vida.

La tragedia de la disciplina inconsistente es aquella que hoy patrocina algo y mañana no. Un día el individuo va a la iglesia y ama al Señor y al otro día no, un día le gusta el deporte y otro día no. La disciplina inconsistente ha destruido miles de vidas y ha desarrollado cientos de delincuentes. Una vez entrevisté a uno por petición de un Tribunal. Me dijo: *"Me gustaba el deporte y la Escuela Bíblica. Mi mamá era espiritista y me prohibió ambas cosas. Yo me rebelé contra todo y todos. Lo que ella más odiaba era a los delincuentes. Yo decidí ser delincuente y asesino. El momento más hermoso de mi vida fue cuando mi madre fue a la cárcel y le pude decir: "Aquí no vuelvas, yo te odiaré hasta el fin".* Aquel joven recibió una condena de veinte años de cárcel. Luego, le sirvió al Señor hasta que fue asesinado. Había perdonado a su madre y estaba a punto de salir a la libre comunidad cuando los sicarios lo ultimaron. Los desarrollos claves que el terapeuta debe observar en este primer nivel del dolor son los indicadores de rabia, de ira y de rencor.

El segundo nivel del dolor es la frustración. En ésta se bloquean las metas y así se incapacita la realización de nuestros sueños. Es la tragedia de descubrir que somos demasiado pobres o que tenemos que ayudar a nuestra familia y que jamás podremos ser abogados o doctores o cualquier otra cosa a la que nosotros aspiramos.

Es terrible cuando es la propia iglesia la que nos castra: *"Esto no se puede hacer, aquello tampoco"*. En nuestra vida personal, el segundo nivel del dolor surge cuando un amigo nos falla. En ocasiones descubrimos aquel verso terrible: *"Maldito el hombre que confía en otro hombre"* (Jeremías 17:5). La frustración que surge de la traición nos despierta a la verdad de que el ser humano es imperfecto, que salimos del polvo y que existe poca gente en la que se puede confiar.

En la juventud, el dolor se manifiesta cuando surgen frustraciones por las metas truncas. Los que han perdido la novia que adoraban, los que tuvieron que decidirse por una carrera que no les gustaba, pero que era una alternativa viable con la realidad económica, han vivido el dolor de tener que abandonar un añorado sueño.

Ese bloqueo de las aspiraciones puede producirlo la suegra, la familia de la novia, el papá, la mamá, y más tristemente, la iglesia, el pastor o el consejero de los jóvenes. Cuando el nivel del dolor se va incrementando, descubrimos que un simple perdón no es suficiente, pues en el camino se han quedado metas, esperanzas y aspiraciones. A duras penas la solución es la consejería. Sin embargo, reconozco que un buen consejero resulta ser una medicina maravillosa porque ayuda a devolverle la estima al joven afectado. El consejo centrado en el cliente es capaz de devolver la esperanza y la consejería cognitiva es capaz de demostrar que al final del camino existe otro motivo para nuestra vida.

También un buen pastor o consejero puede ayudarnos a entender que es Dios el que trazó un nuevo propósito para nuestra vida.

En el caso de los niños el nivel del impacto es diferente. La traición de los amiguitos despierta al niño a la realidad del ambiente en el que vive. El dolor es más fuerte según el niño se compara con otros niños. Así nota sus diferencias: no conseguir lo que otros niños tienen ya sea por no tener papá, por la situación económica o por razones religiosas. Recuerdo una feligrés que vio al Santa Claus de un niño de la iglesia y le dijo: *"El Señor te reprenda"*. El niño lucía confundido y yo intervine para decirle: *"No te preocupes, pero deja al viejito en el auto de tu papá. Juega con él en tu casa"*. Un niño no puede entender la mentalidad tergiversada de una persona, entonces se siente diferente y esto le causa dolor.

Las palabras claves en este nivel son la autoestima, la vergüenza, la autovaloración y el fracaso. El fracaso ocurre mucho en el mundo escolar. He tenido casos muy famosos sobre este nivel del dolor. Recuerdo el caso de la joven que llegó a mi oficina un sábado a las 5:00 de la tarde. Por recomendación de un psiquiatra amigo, su familia la había sacado del Hospital de Psiquiatría para llevarla a mi oficina. Su novio la dejó tres días antes de tomar el examen de entrada a la Universidad de Puerto Rico. Su fracaso la llevó a la idea circular de que Dios la había abandonado. Nuestra fe en Dios y una visita histórica a la Universidad produjo la recuperación total de la joven porque la fuente de su frustración desapareció.

El tercer nivel del dolor es el trauma. En este nivel podemos continuar con nuestra vida y funcionamiento, pero el dolor es permanente. Continuar con la vida después de una violación, o de una experiencia de accidente fatal o de guerra (combate) es posible, pero deja huellas permanentes. Por su naturaleza, el trauma es un golpe emocional de mayor intensidad. Los desastres naturales en los cuales miles de personas mueren y muchas familias se afectan son ejemplos de situaciones traumáticas. Jamás se puede decir que la vida continúa igual. Se sigue viviendo, pero profundamente impactado. El factor sicológico cambia, la vida cambia, nada será igual.

La muerte inesperada de familiares puede clasificarse de acuerdo al impacto que producen. No es lo mismo la muerte de una tía que la muerte del padre. En el caso de los niños, debemos clasificar los traumas en diferentes niveles del dolor. Pero, en términos generales, son golpes severos a la estabilidad psicológica y emocional del ser humano.

Otros traumas que impactan negativamente a las personas son los asaltos, otros delitos generales y las violaciones físicas, como peleas, agresiones y las experiencias memorables negativas por la brutalidad policiaca. En todos estos casos, la persona podría ser marcada severamente.

En el caso de los niños de cero a cinco años, los elementos que los pueden traumatizar incluyen la pobreza, el ambiente negativo o el padre mutante como es el alcohólico o adicto a drogas. La primera frustración en el niño pobre es descubrir que no es igual a los otros y que no tiene los mismos derechos. Se convierte en trauma cuando empieza a sufrir la escasez, el dolor y una severa realidad que lo marca para siempre. Los niños que carecen de un guardarropa básico pueden funcionar, aunque están llenos de dolor. En estos casos, el dolor es una bomba de tiempo.

Recuerdo el caso de una pastora en la República Dominicana que en un proceso de consejería me dijo: *"Los hombres son malos"*. Imagínense a esa pastora ofreciendo consejería en una iglesia. El elemento traumático de su vida lo pasa a los jóvenes y candidatos al matrimonio. Los eventos traumáticos pasan de diferentes formas de generación a generación. Son inesperados, incontrolables y golpean de manera intensa la sensación de seguridad. Provocan intensas reacciones de vulnerabilidad y temor hacia el entorno. Esta pastora odiaba su pasado y la pobreza extrema que vivió. Culpaba a su padre de su experiencia y concluía diciendo: *"Todos los hombres son malos"*. En este nivel, las palabras claves para el terapeuta son: odio, envidia, venganza y traición. La persona vive con una especie de marca permanente de agresividad que le sirve de telón y de fondo a todas las actuaciones de su vida.

El cuarto nivel del dolor es la prueba de carácter. La Biblia dice: *"En todo lo que la vida da y en todo lo que la vida quita"*. Existen momentos cuando todo les sale mal a las personas. Comienzan las enfermedades en la familia, un amigo traiciona, se crea un ambiente negativo en la iglesia que asiste, surgen divorcios inesperadamente y finalmente, se produce una quiebra económica. Cuando esto sucede lo único que puede ayudar a una persona son sus reservas espirituales, emocionales, psicológicas y económicas.

El caso de Job es un caso maravillosamente dramático. Hasta la esposa actúa en contra de él. Job le contesta: *"Como mujer fatua has hablado; ¿recibiremos de Dios el bien y el mal no lo recibiremos?"*

Existen momentos particulares que obligan a una gran prueba de carácter. El primer caso es cuando a una persona se le despide de un puesto de trabajo. En este momento sorpresivo reina la incertidumbre y la ansiedad. Empiezan los pensamientos negativos desde el lado oscuro de la mente: *"todo va a salir mal, mi familia va a pasar hambre, me quitan la casa*". Algunas personas tienen más reservas emocionales y sicológicas para enfrentarse a la ansiedad y la desesperación. Confían en ellos, tienen un juicio adecuado de su estima por lo tanto no sienten pánico. Tienen ansiedad y preocupación, pero bajo unos niveles relativamente controlados. En esos casos la persona se enfrenta a la ansiedad con éxito. Tengo una frase conocida: ¡No te dejes dominar de tu propia mente!

La otra situación trágica es el divorcio. El piso se nos mueve. El aliento se contiene, parece que el mundo se acaba y se pierde el deseo de vivir. Realmente si existen hijos hay una pérdida que puede ser desde moderada a terrible. Enfrentarse a la tragedia personal requiere reservas emocionales, psicológicas y físicas. Por días o meses la depresión es por antonomasia, casi obligatoria, pues nos enfrentamos al dolor de perder todas nuestras ilusiones.

Igual sucede cuando ocurre la muerte de hijos, cuando perdemos nuestra casa u otras propiedades, cuando el negocio se va a la quiebra o meramente cuando llegan momentos intensos de dolor. El ser humano necesita de la madurez emocional para aceptar que hay tiempo de reír y tiempo de llorar. Al final del camino la aceptación nos permite seguir viviendo entre el dolor relativo y sentirnos normales.

En el caso de los niños un nivel de dolor como éste, en casi todos los casos es devastador. El divorcio de los padres en la niñez temprana es un factor tan terrible para un niño que puede llegar a pensar que él tuvo la culpa. No puede entenderlo si no le dan explicaciones adecuadas. Sabe que era feliz y ahora no lo es. El divorcio afecta el factor sicológico de un niño. Otro elemento del mismo nivel pudiera ser la ruina económica. Antes el niño era feliz; ahora su realidad ha cambiado. No se explica su nuevo entorno: menos juguetes y menos compras.

La discusión es continua entre los padres. Si no se le explica al niño, también puede pensar que tiene la culpa.

La muerte del progenitor puede ser devastador para un niño. Puede pensar que Dios le falló, que no le contestó o pensar en silogismos como éstos: *"Yo soy malo, por lo tanto, Dios me quitó a mi papá"*. Recomiendo que en todos estos casos al niño se le dé terapia para hacerlo entender la realidad y sepa que él no tiene participación activa en ninguna de estas tragedias. La tragedia puede llegar a la vida de un niño a través de diferentes fuentes como enfermedades, accidentes o locura de la madre o el padre. En todos estos casos es decisivo que el niño llegue a entender su nueva realidad.

En el caso del cuarto nivel del dolor, el temor, el desamparo y el temor desquiciante siempre están presentes. En el caso de Job existe una hermosa escena que sirve de ejemplo para los terapeutas. Llegan los amigos de Job (Job 2:11-13) y se quedan en silencio por días al ver el dolor tan grande que sufría aquél. Pero al cabo de varios días, abandonaron el silencio y comenzaron a hablar disparates. Lo dañaron todo. En muchas ocasiones el silencio apoya mucho más que hablar cosas sin sentido.

En el cuarto nivel del dolor las palabras claves para el terapeuta son: silencio, sentimiento de abandono, sentimiento de culpa y soledad. En este nivel cuídese de que no aparezca el trastorno o la enfermedad mental que en muchas ocasiones, surge producto del desbalance químico posterior a la crisis emocional.

El quinto nivel del dolor es terrible. Estamos hablando del trauma catastrófico final. La Biblia nos habla de agarrarse de la esperanza. Agárrese de Dios (Romanos 4:18). Él creyó en esperanza contra esperanza. En el caso de los niños, las violaciones en la niñez temprana, el incesto y el asesinato de la madre por el padre producen el quinto nivel de dolor.

Algunos seres humanos les han tocado vivir experiencias deshumanizantes imposibles de resistir sicológicamente. En el caso de jóvenes y adultos puede haber elementos desquiciantes como haber sido víctimas de abusos físicos. El ser humano no nació para ser torturado. Los abusos sexuales son deshumanizantes tanto en la infancia, como en la juventud o la adultez. Toda clase de torturas también es deshumanizante. Entre los sobrevivientes de casos terroristas, las experiencias de combate o sentimientos de temor, el denominador común es la inestabilidad futura. El peligro de la enfermedad mental existe en el quinto nivel todo el tiempo. El surgimiento de fobias, miedos patológicos, desajustes y los cambios de personalidad son partes del crucigrama de la vida de estos seres humanos. La Biblia aclara que *"de modo que si alguno está en Cristo nueva criatura es, las cosas viejas pasaron, he aquí todas son hechas nuevas"* (2 Co 5:17). Es la promesa más maravillosa que jamás he leído en mi vida. Empezar de nuevo, tener una nueva oportunidad. No hay nada como servirle al Señor. Es el amanecer de un nuevo día.

El caso más importante que tuve en mi vida fue relacionado con un trauma catastrófico final. Fue un militar de fuerzas especiales y de alto rango, extensamente condecorado. Vivía la vida prácticamente amarrado a diferentes equipos especiales para evitar que se suicidara. Recuerdo que insistía en que si yo quería ayudarlo, entonces debía matarlo. Su cargo de conciencia consistía en haber participado en misiones catastróficas de combate. Lloraba a gritos y me decía que no valía la pena vivir. Después de desahogarse sobre lo que le pasó, empecé a ministrarle mediante la Biblia: *"De modo que si alguno está en Cristo nueva criatura es, las cosas viejas pasaron; he aquí todas serán hechas nuevas"* "*En cuanto a la pasada manera de vivir, despojaos del viejo hombre que está viciado conforme a los deseos engañosos, y renovaos en el espíritu de vuestra mente, y vestíos del nuevo hombre, creado según Dios en la justicia y santidad de la verdad*" (2 Co 5:17; Efe 4:22-24). Después de veinticuatro horas, regresé nuevamente a darle terapia. Me armé de valor y tomé la decisión más difícil de mi vida: soltarlo de sus amarras. Posteriormente me confesó que pensó en matarme para poder escapar. Pero algo le dijo al oído: "*es tu última oportunidad*". Entonces se arrodilló y se refirió a mí no como doctor, sino como pastor: "*¡Pastor ore por mí!*" El resto es historia confidencial. Después de una terapia de varias semanas logró ser un hombre estable que ha logrado vivir consigo mismo.

El Dolor Emocional

El dolor emocional se puede presentar en los momentos críticos de la vida como el divorcio, la pérdida de la persona amada, la separación, la infidelidad, el desamor, el desprecio, la desaprobación y el rechazo. ¿Es posible curar las heridas después de estas experiencias? El dolor emocional es uno de los males más comunes. Sucede a diario, a nuestro alrededor o en nosotros mismos. Nadie está exento de sentirlo en algún momento de la vida. Este tipo de dolor puede llegar sorpresivamente y al tomarnos desprevenidos el golpe es más devastador.

Es el tipo de dolor que no queremos enfrentar y que tratamos de evadir ya que los seres humanos nos vamos haciendo "casi expertos" en evadir las cosas dolorosas de la vida. El sufrimiento parece tener dos extremos en la reacción humana. Uno de los extremos es el autoengaño, ya que no queremos reconocer que algo grave está sucediendo en nuestra vida. El otro extremo es la adicción al dolor. Existen personas que van pasando de dolor en dolor por la vida, tanto físicamente como emocionalmente.

Una de las características más duras del dolor es que entra en todas las esferas de la vida de la persona. Se convierte en dolor mental, emocional, espiritual y físico. Va afectando a los que nos rodean de diversas formas. Comprometernos a estar al lado del "dolido" es un mecanismo de defensa para tratar de mantener un pequeño equilibrio ante el "dolido". A medida que el dolor va tomando fuerza invade la mente y el cuerpo. Una persona que presenta dolor emocional, tarde o temprano, padecerá enfermedades de tipo emocional.

En las etapas del dolor existen muchas conductas. La conducta de huida se caracteriza porque la persona se aleja del evento doloroso. La conducta de represión se evidencia cuando el inconsciente nos hace olvidar enérgicamente eventos o pensamientos que serían dolorosos si se les permitiese acceder al consciente. La conducta de proyección se revela cuando los sentimientos o ideas dolorosas son proyectados hacia cosas o personas cercanas que el individuo siente ajenas y que no tienen nada que ver con él. En la conducta de negación, la persona trata los factores obvios de la realidad como si no existieran. En la de regresión, el individuo retorna a un nivel anterior (más infantil) de su funcionamiento mental, mientras la conducta de aislamiento se caracteriza por la separación del recuerdo y los sentimientos; la persona deja de sentir lo que realmente le afecta. Hay tres conductas más: la de sustitución, de desplazamiento y de racionalización. En la primera la persona substituye un pensamiento desagradable inmediatamente por uno agradable. En la segunda la persona tiene sentimientos hacia una persona, pero los conecta a otra; es el típico individuo "que no busca quien se lo hizo, sino quien se la pague". Finalmente la conducta de racionalización implica encontrar una auto justificación de los actos, sin mediar los resultados aunque resulte en una cruel mentira.

El dolor emocional es el más común y difícil de tratar. La persona se pregunta: *"¿Qué hago con este dolor tan grande que siento dentro de mí?"* El dolor emocional es uno de los más frecuentes, difíciles de identificar y soportar. Puede originar diversos problemas de salud. Por lo regular, la persona que lo padece, trata de ubicarlo en alguna parte del cuerpo. Puede decir que le duele el corazón, porque se ha representado a éste como la sede de los afectos. En realidad, no se sabe exactamente dónde le duele. Es un dolor difícil de ubicar, porque lo cierto es que más que un dolor, es una sensación de malestar difícil de explicar. *"Es más fácil expresar me duele el corazón o me duele algo y no sé, ni sé, ni dónde"* manifestó Vanessa Nahoul, doctora en Psicología Psicoanalítica y Coordinadora de la Comisión de Enlace Internacional del Instituto de Investigación en Psicología Clínica Social (IIPCS).

La Frustración

Las personas necesitan ser capaces de controlar la frustración para aceptarse a sí mismas. Uno de los criterios para gozar de salud mental es la buena capacidad de tolerancia a la frustración. La frustración "ocurre cuando una secuencia de conducta encaminada hacia un determinado objetivo se ve interrumpida de modo que no se logra terminar y los objetivos deseados se retrasan o se cancelan." Mientras más cerca estamos de lograr el objetivo y se bloquea, mayor es nuestra frustración. Ésta se relaciona directamente con nuestras expectativas. Es mayor cuando se relaciona con características personales permanentes. La frustración es el estado de aquél que está sometido a una solución insoluble, se ve privado de la satisfacción de su deseo y defraudado en sus expectativas de recompensa o de bloqueo en la acción. Es un sentimiento que fluye cuando no se consigue alcanzar el objetivo propuesto y por el que se ha luchado. El individuo frustrado siente ira, ansiedad, rabia, depresión y angustia. Estos son sentimientos y pensamientos sumamente negativos.

El incumplimiento de las expectativas genera frustración. La frustración se presenta cuando la persona tiene expectativas personales o profesionales. Las personas tienden a buscar un trabajo que les estimule, que les lleve a crecer, pero cuando las expectativas que se fijan no se cumplen, entonces hay mucha frustración. El psicólogo sabe que la forma en que se manejan las frustraciones es indicador de la alta o baja autoestima, de la autovaloración y la estabilidad de la persona. La Dra. Miranda Hernández dice que hay frustraciones "normales" y otras, que sí requieren de una evaluación como es la necesidad de cambiar de trabajo cuando ese campo de empleo no es uno amplio. Ella comenta que si el trabajo *"atenta contra mi dignidad no puedo permanecer en ese empleo, aunque gane bueno. Mientras que un trabajo puede no ser muy retributivo, pero generar mucha satisfacción positiva a la salud mental".*

El manejo de ansiedad también sirve para mejorar la adaptación. La ansiedad está presente en casi todos los cuadros patológicos (esquizofrenia y trastornos del pánico). No siempre es patológico. La causa de la ansiedad frente a un problema síquico generalmente es desconocida. Se asocia mucho con el miedo, aunque éste sea una reacción ante un peligro real. Los síntomas son los mismos porque preparan al organismo para defenderse. En la ansiedad patológica no nos defendemos ante ningún estímulo. En la neurosis de ansiedad, lo que nosotros hacemos es racionalizar nuestra angustia o se desencadena la fobia para tener un objeto real al que temerle. La ansiedad no nos permite adaptarnos bien, pero no significa necesariamente un proceso patológico. En un nivel menor es beneficiosa porque activa al organismo para una respuesta. Los cambios en la vida que producen ansiedad se enumeran a continuación por orden de frecuencia:

Muerte del cónyuge	10 puntos
Divorcio	7. puntos
Separación marital	6.5 puntos
Encarcelamiento	6.3 puntos
Muerte de un pariente	6.3 puntos
Enfermedad personal	5.3 puntos
Matrimonio	5. puntos
Ser despedido	4.7 puntos
Reconciliación marital	4.5 puntos
Jubilación	4.5 puntos
Embarazo	4. puntos
Nacimiento en la familia	39 puntos
Reajustes en los negocios	3.7 puntos
Muerte de un amigo íntimo	3.7 puntos
Que un hijo se vaya	2.9 puntos
Logro personal	2.8 puntos
Trabajo de la esposa	2.6 puntos
Cambio en condiciones de vida	2.5 puntos
Cambio de residencia	2. puntos
Cambio de escuela	2. puntos
Vacaciones	1.3 puntos
Infracciones menores	1.1 puntos

La frustración es una vivencia emocional o una situación en la que una expectativa, un deseo, un proyecto o una ilusión no se cumplen. El sujeto puede reaccionar por el camino del enfado, la agresividad, la violencia o desde un estado de contención e inhibición. Con el tiempo la frustración se relaciona con la desmotivación.

Los efectos físicos de un desastre son evidentes. Miles de personas pierden sus vidas o son gravemente heridos. Los supervivientes arrastran las consecuencias durante toda su vida. Los efectos emocionales producto de los desastres son: el miedo, la ansiedad, el estrés, la ira, la rabia, el resentimiento o bloqueo emocional son obvios. Para muchas víctimas estos efectos se mitigan e incluso desaparecen con el tiempo. Sin embargo, para otros, las secuelas son a largo plazo y alcanzan en ocasiones la condición de crónicas. La exposición a eventos traumáticos y las consecuencias que de ellos se derivan no es un fenómeno nuevo. Los seres humanos han estado experimentando tragedias y desastres a lo largo de toda la historia.

Los eventos traumáticos en la mayoría de las ocasiones son inesperados e incontrolables; golpean de manera intensa la sensación de seguridad y auto-confianza del individuo; provocan intensas reacciones de vulnerabilidad y temor hacia el entorno. Algunos ejemplos de estos tipos de situaciones son los siguientes: los accidentes, los desastres naturales como huracanes, terremotos o inundaciones; inesperada muerte de familiares; asaltos, delitos; violaciones, abusos físicos y sexuales en la infancia; torturas, secuestros, actos terroristas y experiencias en combate. El estrés severo, pero no extremo, puede afectar seriamente al individuo. Generalmente no son los detonantes típicos de un trastorno por estrés postraumático, como son la pérdida del puesto de trabajo, el divorcio o el fracaso escolar, entre otros. Es importante destacar, tal como lo indica la investigación más reciente, que a pesar de la heterogeneidad de los sucesos traumáticos, los individuos que directa o indirectamente han experimentado este tipo de situaciones muestran un perfil psicopatológico común etiquetado, en la actualidad, con el rótulo de "Trastorno por Estrés Postraumático". En algunas ocasiones se presentan otros trastornos asociados: la depresión, el trastorno de ansiedad generalizada, los ataques de pánico, las conductas fóbicas o el abuso de sustancias.

El trauma puede cambiar la visión que los niños han captado de su mundo. Ahora cuestionan lo que antes pensaban acerca de la seguridad. Las reacciones de los niños dependerán de la severidad del trauma, su personalidad, su estilo característico de enfrentar los problemas y la posibilidad de obtener apoyo. Luego del trauma es común en los niños un periodo de regresión en su comportamiento y rendimiento académico. Una forma constructiva de ver la situación es que ellos son normales en una circunstancia anormal.

Es natural que al principio los niños experimenten una especie de negación, por ejemplo los niños pueden insistir en regresar a la casa que ha sido destruida. Los temores, las preocupaciones o las pesadillas son comunes después de un trauma. Pueden surgir trastornos del sueño o dificultades para comer. Los niños pueden comenzar a tener una regresión emocional o actuar por debajo de su edad cronológica. También pueden volverse más apegados, necesitados de atención y consuelo paternal. Con frecuencia pueden manifestar sentimientos de irritabilidad, enojo, tristeza o culpa y males somáticos, tales como los dolores de cabeza o de estómago y sudoraciones.

Capítulo 10

HIGIENE Y SALUD MENTAL

Capítulo 10

HIGIENE Y SALUD MENTAL

Existe un balance entre la salud y la higiene mental. El cuerpo y la mente se conectan. Las emociones afectan la salud. Las personas con buena salud emocional están conscientes de sus pensamientos, sentimientos y comportamientos. Pueden aprender maneras saludables para afrontar el estrés y los problemas normales de la vida. Se sienten bien acerca de sí mismas y mantienen relaciones interpersonales apropiadas. Hay personas que no tienen una salud emocional apropiada. Esto se percibe en las características que lo revelan. Si se pierde el control cuando alguien les dice "dos palabritas" y quieren contestarle "con cinco", ahí hay un problema de "mecha corta". Así se demuestra una salud emocional que no está siendo la mejor.

Hay eventos en nuestra vida que nos pueden hacer decaer en nuestro ánimo: el ser despedido del trabajo cuando un hijo regresa o se va de su casa, el divorcio o un casamiento, muerte de seres queridos, una enfermedad, promociones en el trabajo, problemas de dinero, mudarse de casa o tener otro bebé. Los cambios favorables son tan estresantes como los desfavorables. Los cambios producen estrés y afectan la salud. El desbalance de su salud mental puede producir cambios fisiológicos: dolor de espalda, cambios en el apetito, dolor en el pecho, cansancio, estreñimiento, diarrea, resequedad en la boca, malestares, dolores de cabeza, presión sanguínea alta, insomnio, mareos y palpitaciones. Hay personas que se afectan marcadamente. Experimentan una sensación de falta de aire, tensión en el cuello, sudoración, malestar estomacal, suben o bajan súbitamente de peso.

Una persona que experimenta problemas fisiológicos debe recibir atención médica. Sin embargo, hay pacientes que no les gusta hablar con su médico. Cuando un paciente está en la consulta, debe comunicarle al doctor lo que le ocurre. El médico también necesita saber acerca de las emociones del paciente. La norma general es que el análisis del paciente comienza con el médico de familia. El paciente le dice dónde le duele y el médico le informa si eso es raro o no. El galeno puede descubrir si la razón de la alta presión es fisiológica o si tiene un componente emocional. Si el paciente descifra las causas de su tristeza, estrés y ansiedad podrá ayudar a manejar su salud emocional. Exprese sus sentimientos en forma apropiada.

Encontramos muchas personas con agresión desplazada. Se desquitan con los niños, se desquitan con la esposa, se desquitan con el vecino. Hay un tipo de desajuste que se detecta cuando se utiliza un mecanismo de defensa con el propósito de sobrevivir. Lo mejor del mundo es expresarse. Busque un profesional de ayuda y exprésele sus sentimientos.

Se han hecho estudios en niños que bajan o suben inesperadamente de peso. Se sabe que una de las razones para que un niño gane o pierda libras es porque ha sido tocado sexualmente. Me llamó un prominente sicoanalista para adelantarme los resultados del último estudio que está haciendo una universidad de Estados Unidos. Éste indica que hay una relación directa entre un niño menor de siete años que gana veinte o treinta libras de un mes para otro y el hecho de que lo han tocado sexualmente o ha participado de alguna aberración sexual. Ese niño necesita que se le refiera inmediatamente a tratamiento médico. Usar a los familiares para expresarles los problemas no es lo más adecuado. Un profesional de ayuda puede hacerlo mucho mejor por usted.

Vivamos una vida balanceada, no nos obsesionemos con el trabajo. Hay gente que se cree que se va a acabar el mundo si le falta al trabajo. Pero no es cierto. Los problemas en la casa o en la escuela no son razones suficientes para estar deprimido. Pero si lo está, no use una máscara para aparentar que es feliz. Hay que manejar los sentimientos negativos y a la vez enfocarse en las cosas positivas de la vida. Algunas de las cosas positivas que producen felicidad para un joven son enamorarse y casarse; para un adulto, tener su primer hijo; para un anciano, mantener contacto con las personas que lo quieran y asistir a una buena iglesia. Así se logra una vida balanceada. Los jóvenes en la iglesia deben tener retiros espirituales, pero también tienen que hacer deportes y salir a distintas actividades de diversión. Calme su mente y su espíritu, encuentre el poder de la oración; ore, acuéstese en la cama a meditar, a leer salmos, haga cosas positivas; cuide de sí mismo. Evite el comer y dormir en exceso, practique algún tipo de ejercicio y tenga una rutina general para comer y para bañarse.

Hay una serie de preguntas básicas de la vida diaria, necesarias en el tratamiento y diagnóstico de un paciente. La persona llega a la oficina y le preguntamos: *"¿Se lavó la boca antes de venir para acá?".* El paciente puede contestar: *"Sí, pero esas preguntas son muy personales."* El médico debe continuar con las preguntas básicas: *"¿Se bañó antes de venir para acá?".* El paciente puede contestar: *"¿Y había que bañarse por la mañana?".* Esta es la prueba Smith de normalidad. Con ella medimos la presencia o ausencia de normalidad. Junto a la normalidad encontramos control sobre los pensamientos, sentimientos y comportamientos.

Otro síntoma que debemos atender es la rabia. Éste es parte de una maleta pesada. Usted puede tener rabia con respecto a ciertos eventos consigo mismo o con relación a las acciones de las demás personas. Sin embargo, de la manera como usted se enfrente a la rabia, demostrará la calidad de su salud mental. Si usted es un pastor que lo que tiene es un garrote grande, su salud mental está sin balance. Si usted es un pastor que logra llamar a todo el mundo en privado posiblemente esté más balanceado.

Yo me acuerdo de un doctor que le había hecho una operación muy grande a un paciente. En el pasillo lo vio fumando y le dijo: *"Usted es un bandolero, merece que se lo lleve el diablo, a mi oficina no vuelva más".* El médico perdió el control y no le quedó bien. Él tenía razón porque era un hombre al que le había sacado recientemente un pulmón y luego lo ve fumando en el pasillo. Pero le dio coraje, perdió la tabla y se le olvidó que la rabia es la línea donde uno luce bien o mal.

¿Qué puedo hacer para evitar problemas? Esté al tanto de sus emociones y reacciones y trate de entenderlas. Lo que me gustó del médico y su reacción fue que me dijo: "Suspenda todas mis operaciones de esta tarde". ¿Qué usted cree que le podía pasar a las operaciones de por la tarde? Estaban todas en peligro.

Aprenda a diferenciar las causas de su rabia, tristeza y frustraciones. Eso le puede ayudar a manejar su salud mental o emocional. Aprenda a expresar sus sentimientos en forma adecuada. Si el médico le hubiera dicho al paciente: *"Quiero verlo en mi oficina inmediatamente"*, para después amonestarlo: *"Usted es un irresponsable con su propia vida y yo no puedo seguir siendo su doctor".*

Hubiera lucido como un campeón, con la misma rabia, pero hubiera lucido mejor. Es normal la indignación frente al comportamiento del paciente operado recientemente de pulmón. Su comportamiento no fue lógico para los que lo habían ayudado. Se fue en brote el médico y el personal de apoyo del hospital. Piense antes de actuar, aunque sea difícil. Empéñese por lograr una vida balanceada. Un pastor me confesó: *"Mi equipo de baloncesto está en el juego decisivo para el campeonato nacional de baloncesto en la Isla".* Le contesté inmediatamente: *"¿Y qué rayos tú haces aquí?"* Él se excusó diciendo: *"Es que yo tengo otro compromiso".* Lo corregí: *"¿Qué compromiso es más grande que estar con tus jóvenes? Montate en ese carro y sal para allá que si tú no llegas esa gente va a perder".* Me refunfuñó: *"Chico después que uno habla contigo no se puede dormir en tres días; tú le dañas todo a uno. Voy a dejar de hacer lo que estoy haciendo y voy para allá."*

El estrés afecta las emociones. Un poco de estrés es bueno para cuando uno va a contestar un examen. Pero cuando el cuerpo produce demasiadas de esas hormonas se agota el cuerpo y sus emociones. Finalmente la persona tiene un problema de cansancio mental. El cansancio mental se contrarresta con la felicidad. ¿Qué es felicidad y cómo es posible lograrla cuando una persona está al borde de un colapso? Se recomiendo un viaje para lograr despejarse y salir así del estrés emocional.

El estrés emocional produce efectos asombrosos en la gente. Recuerdo a un compañero de la Compañía de Seguros Múltiples de Puerto Rico que tenía mucho estrés. Estaba a punto de perder su razonamiento lógico. Estaba al borde de la manifestación del síndrome de la quemazón. Lo llevé para que pasara el fin de semana en mi casa y le dije: *"Nos vamos a bañar en la piscina".* Cuando ese hombre cayó en la parte honda de la piscina por poco se ahoga. El estrés era tan fuerte que no podía nadar. Comenzamos como si fuera un principiante en la natación hasta que pudo nadar. El nadar es un deporte formidable contra el estrés. Los problemas emocionales se pueden tratar con asesoría sicológica, grupos de ayuda y medicamentos.

Hay reglas simples para una buena vida como la libertad de escoger. Muchas veces escogemos a la pareja y a la iglesia equivocadas. Llegó a la iglesia una señora diciendo a gritos: "*¿Cómo pueden haber pastores así?*" Mientras ella estaba en ese brote yo la escuchaba atentamente. Me di cuenta que ella estaba en una iglesia muy dogmática. Ella era un poco más liberal. La estaban acosando de verdad y lo mejor que uno puede hacer es moverse a donde sea feliz.

Muchos están de acuerdo con la idea de que es más fácil amar que odiar. Si a usted se le muere un hijo, usted adopta otro hijo y empieza a sustituir las cosas difíciles, las huellas, las frustraciones y los traumas. Tenemos que tratar de que esas huellas se sanen. Hay que retar las debilidades, cambiar desde adentro.

Lo más grande en la vida del hombre es tener un encuentro personal con Cristo. No hay nada que pueda cambiar la felicidad del hombre que tener ese encuentro de verdad. Por eso cuando la gente viene a la iglesia, hay que dejarlos que lloren, porque ese es el producto del encuentro personal con Cristo. Esa experiencia personal es maravillosa. Luego, las huellas del pecado hay que tratarlas con el proceso de sanidad interior.

La sanidad interior es el esfuerzo que hace un ser humano por mejorar los traumas, frustraciones y los niveles del dolor en su vida. Esa es la llamada maleta de nuestra vida. Cuando la persona se enfrenta a la maleta descubre diferentes niveles del dolor. Hay ciertas cosas con las que no se puede trabajar fácilmente sin una ayuda.

Un estudiante escribió las siguientes líneas sobre su madre en un documento para entregar: *Siento mucho dolor al hablar de mi madre y quisiera no tener que mencionarla, pero si la voy a mencionar lo único que voy a decir es que nos abandonó cuando yo tenía seis años y desde ese momento la sola idea del pensamiento en mi madre me produce terror, no quiero hablar de ella.* Me di cuenta de que ese joven había abierto su maleta. Hay cosas que ni usted mismo puede manejar. La felicidad no supone ausencia de problemas. Una vida sin problemas no es una vida de felicidad. Es como ser demasiado cuerdo, hay que tener su "tuerca suelta". Siempre hay problemas con los hijos y los nietos. Cargamos con problemas y eso no quiere decir que usted no sea feliz. Pero si usted puede trabajar adecuadamente con todo el peso de los problemas que usted tiene puede ser feliz.

La felicidad es un estado emocional. Usted tiene la capacidad de enfrentarse al dinamismo y a la energía de su propia vida mientras lucha por superar los obstáculos. Por eso creo que una persona activa y valiente es verdaderamente feliz. Hay personas que cuestionan el propósito de su vida, porque están cansados de vivir y están deprimidos; otros han perdido la esperanza.

La iglesia es el mejor hospital de psiquiatría. En la iglesia la persona puede ir y tener grandes avances, pero también puede tener grandes derrotas. En las iglesias también ocurren los suicidios y los sufrimientos, pero es allí donde ocurren los milagros más grandes que el hombre conoce. La estabilidad social, económica y política se considera fuentes de felicidad. Éstas son fuentes primarias de valores morales y espirituales, pero se manifiestan indistintamente de una familia a otra.

Hay que fomentar las costumbres básicas como enseñar a su niño a orar antes de acostarse. Me encanta cuando los niñitos de la iglesia me dicen: "Pastor, yo oro por usted". Hay que orar con ellos y leerles la Biblia para que haya una formación apropiada de valores y de buena higiene mental. Los problemas de salud mental están dondequiera, pero la higiene mental la tiene que producir usted. Los padres que fomentan la salud mental traen a sus hijos a la iglesia con los trofeos y las medallas ganadas. Hay que felicitar a sus hijos en público para así lograr en ellos un balance adecuado. Los padres menos inteligentes son los que no dejan que sus hijos lleven sus premios a la iglesia y así no valoran los esfuerzos que ha hecho su hijo. Le doy mucha importancia a valorar a los hijos de mis feligreses.

La salud mental se afecta por el uso de las drogas y el alcohol. Los problemas de salud mental están en un alto riesgo cuando hay problemas con estas sustancias. Esa mezcla es mortal. Si se usan pastillas no debe usar alcohol y drogas porque nunca el doctor va a saber si el paciente está mejor o peor. Las medicinas recetadas si se mezclan con drogas y alcohol pueden llevar a la muerte. Bajo ningún concepto las medicinas deben ser tomadas junto al alcohol y las drogas.

Las enfermedades mentales son comunes en Estados Unidos. Una de cada cinco familias las tiene y nadie es culpable de eso. Hay trastornos, depresión, fobias, trastornos bipolares y esquizofrenia. La terapia y las medicinas pueden mejorar la vida y en algunos casos puede haber una recuperación total A veces tenemos éxito sabiendo cuál es el desbalance químico del paciente. El éxito es tremendo. La técnica moderna de tratamiento de enfermedades mentales se llama rotación de medicamentos. La misma medicina te dice cuál es la que le está funcionando bien.

Mientras usted esta recibiendo sicoterapia aprenderá nuevas formas de pensar y de afrontar las situaciones que le molestan. La terapia más importante es la terapia cognitiva. En la terapia cognitiva la persona es confrontada. El paciente suicida es un buen ejemplo. Manejamos al suicida hasta que abandona la idea negativa. Luego seguimos trabajando con él. La psicoterapia cognitiva puede ayudar contra sentimientos de rabia, timidez o pánico. La derrota es una agonía devastadora.

¿Qué es la motivación pura? Es aquella motivación que surge de la sinceridad y del aprecio por el sentido de la dignidad humana. Nos gusta nuestro trabajo porque sinceramente es un ambiente digno; nos gusta la iglesia porque es un ambiente maravilloso, siempre y cuando no sea una iglesia donde imperan los chismes, la mentira y la traición. Las iglesias se deben caracterizar por los abrazos, el amor y el cariño con que se recibe a la gente. En la motivación real, sentimos que nuestra iglesia nos conducirá al cielo y el pastor es un líder espiritual. Consideremos las maneras que utilizamos para disciplinar a nuestra gente. Ejerza una disciplina apropiada. No haga lo siguiente: un error pequeño con una sanción grande o a la inversa. ¿Es la manera correcta? Me dijo un hermano: *"Me botaron de la iglesia"*. Le pregunté: *"¿Le prendiste fuego a la iglesia?"* Me contestó: *"¡No! Falte dos veces al ensayo de la agrupación y me botaron."*

La sanción está desproporcionada, demasiado fuerte. Como consecuencia de ese análisis se debió adoptar el sistema de disciplina progresiva. Otro tema a considerar es el uso del diálogo. La mayoría de los problemas entre los diferentes recursos son realmente problemas pequeños que nadie atiende. ¿Usted sabe por qué? Porque el pastor está en el altar, pero hay algunos que no se suben ni al altar y se quedan en la oficina. Pero si usted establece un sistema de puertas abiertas, donde cada persona que se sienta adolorido puede verlo a usted como pastor o consejero, los resultados que obtendrá serán maravillosos. Puede ofrecer seminarios de capacitación profesional. Busque la forma de ayudar los hermanos de esa iglesia. Permítanles que puedan decirle: *"No me gustó cómo me trató"*. Quizá eso es suficiente y se le quita el coraje.

El ser humano tiene derecho a la privacidad, a ser tratado como persona, que se le llame la atención en privado, que se le premie. Se debe fomentar el compañerismo fraternal. Es el concepto de la familia en donde los mayores ilustran a los menores. Decir: *"Lo que yo sé no se lo enseño a nadie"*, es incorrecto. Los pastores estamos para enseñar, apoyar y desarrollar líderes. Si no hay visión el pueblo perece. El uso de la razón nos hace diferentes de los animales. Nos hace analizar preguntas básicas, tales como: ¿Vale la pena trabajar o servir al Señor aquí? ¿Me aprecian? ¿Me respetan? La forma correcta de lograr verdaderos resultados es cuando los sentimientos son mutuos.

Es importante que exista lealtad del empleado hacia su jefe y del jefe hacia el empleado. Posiblemente el jefe tenga veintiocho años y el empleado tenga treinta y cinco años pero la relación de respeto es la misma. El respeto y la deferencia no tienen que ver con la edad, sino con el estilo de vida y sus principios. La motivación, debe ser recíproca. Sin embargo, hay otras cosas que hacemos por motivación como la participación. Tendemos a relacionarnos más cuando la idea es nuestra o al menos somos parte de ella.

Consideremos el aprecio que le tenemos a nuestra empresa o iglesia. Tenía una dama en la iglesia que se llevó a sus niños, que me adoraban, para otra iglesia, donde los pastores se divorciaron. Me sentí avergonzado de que se fueran de la sana doctrina. Pero las experiencias que tuvieron allá fueron memorables. El pastor usaba guardaespaldas. El niño trato de acercarse como se acercaba a mí para abrazarme y besarme y vino uno de los guardaespaldas y le dio un golpe. La hermana regresó a la iglesia destruida. Me pidió perdón. Me reuní con ellos y el niño me expresó algo que me advirtió de lo afectado que estaba. Le di tratamiento sicológico varias veces. *"La culpa la tuvo mi mamá porque nosotros éramos felices en esta iglesia y ella me llevó para esa iglesia donde dan puños."* Trabajé mucho con ese niño para que superara esa experiencia y le explicaba que las iglesias no son así, que las iglesias y los pastores son buenos, no golpean ni tienen guardaespaldas. Esa es una experiencia memorable negativa para ese niño.

La iglesia tiene que tener motivación real, celebrar actividades, y fiestas. La motivación real en el trabajo son buenos salarios, buenos incentivos, buenos beneficios marginales, un plan médico, un plan de pensiones. En la iglesia, la motivación real más importante es estar seguros de que nuestros nombres estén escritos en el libro de la vida; que nuestros niños se levanten como niños ejemplares; que nuestra familia tenga amigos en la iglesia. Algunos principios que deben seguir las iglesias son tomar en consideración las buenas ideas de quien provenga. A veces el que da buenas ideas es el que limpia el templo; en otras ocasiones es el pastor. Lo importante es escoger la mejor idea y ponerla en práctica. La iglesia prepara a sus jóvenes y a sus niños. De momento uno de esos niños o de esos jóvenes es un portento y la iglesia se da cuenta de lo bien que invirtió su tiempo.

La iglesia debe respetar al derecho a la rehabilitación de sus feligreses. Un miembro de la iglesia que estuvo en disciplina, en ningún momento se le debe sacar en cara. No se lo acuerde la vida entera. Una disciplina dura un periodo de tiempo; no es una cadena perpetua. Se debe confiar en los hermanos líderes, pero también se les debe exigir lealtad. Al que más se le confía es al que más se le exige. Si un líder de la iglesia habla mal a espaldas del pastor, hay que pedirle inmediatamente la renuncia. Las iglesias deben ser balanceadas. Esto se logra con una disciplina que empieza con un pastor, que no habla mal a espaldas de los hermanos, y termina con los miembros. Cuando el pastor tiene que hablar de alguien lo llama a su oficina y se lo dice de frente. Otra responsabilidad de la iglesia es que debe delegar tareas entre sus miembros, pero debe supervisarlos. Se debe premiar la lealtad y castigar la disfunción y la traición institucional, pues queremos desarrollar iglesias balanceadas, limpias y honestas. A la iglesia va gente que habla mal del pastor, de la presidenta de las damas, del presidente de los caballeros, de todo el mundo. Después los abrazan y les dicen: *"Los amo profundamente"*. También la iglesia debe valorar el sacrificio de sus miembros.

Otros asunto que la iglesia debe ponderar son los problemas relacionados con el sexo. El ser humano tiene varias urgencias y debe de ser visto desde el punto de vista real. El sexo es una fuerza persistente y dinámica de la vida. Los problemas sexuales no pueden verse en el vacío. Incluyen diversos aspectos de la personalidad. El acto sexual no se puede separar de la realidad de la reproducción y de la institución que crea la familia. No hay nada mejor que los hijos sean deseados y esperados. La sana educación sexual es fundamental para el adecuado desarrollo sexual.

Las malas impresiones de la niñez y el mal manejo de los padres causan profundos efectos en la vida adulta. Conocí una persona que padecía de una enfermedad muy rara llamada misogenia. De niño usaba pantalones cortos y las niñas se reían de él. Cuando fue adulto manifestó miedo a las mujeres. Todo el mundo se creía que era homosexual. Me lo enviaron a mí y rápidamente me di cuenta que el hombre era heterosexual. Con su autorización le hice una hipnosis regresiva. Cuando lo lleve a primer grado él empezó a temblar. Tuve que abrazarlo. Supe que cuando cursó el primer grado la madre lo vestía con pantalón corto y como tenía las piernas delgadas las niñas se burlaban de él. De ahí surgía su tragedia. Trabajamos con el problema y hoy día es un hombre con una familia.

Tuve de paciente a una pareja bien interesante que no era cristiana. Ella era muy linda y él un policía de alto rango. Tenían problemas de comunicación. Él me dijo: *"Es preciosa, pero no sabe bailar, no sabe comer"*. La entrevisté y supe que ella no sabía bailar porque nunca había ido a un baile. Era de una familia rural y por eso no sabía comer según la etiqueta. Lloró y la abracé porque no hay nada como la verdad para la sanación de asuntos que nos han limitado de ser aprendidos en la niñez. Para ser feliz hay que aprender a ser feliz. Al policía le di como cuarenta tablazos. Le dije: *"Eres tan mediocre, no le has preguntado ni quién es ella, no sirves para nada"*. Así empecé a darle terapia de confrontación y me dijo que iba a empezar de nuevo. A veces nuestra propia felicidad se ve opacada por nuestra incapacidad de ver y entender las debilidades de los demás.

El sexo es parte de la vida misma, pero la vida no es el sexo. Hay un montón de cosas buenísimas en la vida como es la amistad. Aunque es sorprendente cómo se ha ido deteriorando la calidad de los amigos. Sin embargo, todos necesitamos confiar en alguien. Necesitamos un hogar seguro donde recuperemos aliento. No nos dejemos dominar por nuestra propia mente. La depresión es un proceso de sentirnos incapaces producto de nuestra propia mente. No nos rindamos nunca. La bendición se lucha. Tenemos que estar llenos de esperanza de que cada día estaremos mejorando los problemas mentales y la calidad de vida.

BIBLIOGRAFÍA

Alava Reyes, María Jesús(2003): *La inutilidad del Sufrimiento-Claves para aprender a vivir de manera positiva.* Editorial el Ateneo, Buenos Aires.

Augsburger, David: (1991): *Consejería y teoría de la crisis Perdonar para ser libre.* Grand Rapids: Editorial Portavoz.

Bridges, Jerry(1995): *Confiando en Dios aunque la vida duela.* Centros de Literatura Cristiana de Colombia

Davidson, J.R.T., & Foa, E.B. (Eds.) (1993) *Posttraumatic Stress Disorders: DSM-IV and Beyond.* Washington, D.C.: American Psychiatric Press.

Dougher, M.J. (Ed.) (2000). *Clinical Behavior Analysis: theory, Research and Treatment.* Reno, NV: Context Press.

El efecto de la pobreza en los niños- Honduras: http://www.latinoamerica-onlone.it/archiviopaesi/hondurasl.html

Esquivel, F. (1999) *Psicodiagnóstico clínico del niño.* Manual Moderno, México.

Friedman, Lawrence J. (1990) *Usos y Abusos del Sicoanálisis.*

Friedman, Edna (1996) *Sicoanálisis y Esperenza.* American Psychiatric Press.

Holmes, R. (1985) *Acts of war.* New York: Free Press.

Luciano, M.C. (Ed.) (1997) *Manual de Psicología Clínica. Infancia y Adolescencia.* Valencia: Promolibro.

Maldonado, Jorge E. (2002): *Crisis, pérdidas y consolación en la familia.* Grand Rapids: Libros desafío

Pittman, Frank (1990): <u>Momentos Decisivos: Tratamientos de Familias en Situaciones de Crisis.</u> Buenos Aires: Editorial Paidos

Malott, R.W., Malott, M.E. y Trojan, E.A. (202) <u>Principios Elementales del Comportamiento.</u> Madrid: Pearson Prentice Hall.

Mesías, Miguel: <u>Perspectiva Bíblica del Sufrimiento.</u> Barcelona, Editorial.

Meichenbaum, D. (1994) <u>A Clinical Handbook/Practical Therapist Manual for Assessing and Treating Adults with Post-taumatic Stress Disorder.</u> Ontario, Canada: Institute Press.

Pérez Alvarez, M. (2003) <u>Las cuatro causas de los trastornos psicológicos.</u> Madrid: Universitas.

Sattler, J. (1996) <u>Evaluación infantil.</u> Manual Moderno, México.

Whaley, D. L. y Malott, R.W. (1988, 1995) <u>psicología del Comportamiento.</u> Barcelona: Fontanella.

William, M.B. & Sommers J.F. (Eds.) (1994) <u>Handbook of Post-traumatic Therapy.</u> Westport, CT. Greenwood Press. Revised from Encyclopedia of Psycology, ed. R. Corsini (New York, Wiley, 1984, 1994).

REACCIONES

Iglesia Cristiana
"El Sendero de la Cruz, Inc."

P.O. Box 361444, San Juan, P.R. 00936-1444 / Tels. (787) 764-4666 / 1 (877) 589-6665 / (787) 598-4666
Fax. (787) 751-5729 / E-mail: elsendero@coqui.net / www.elsenderodelacruz.org

PALABRAS PARA EL LIBRO DEL DR. HUGO SERRANO

"El Dr. Hugo Serrano tiene un claro entendimiento de la conducta humana. Cuando explica el fenómeno del inconsciente y que hay que aprender a tener la maleta vacía lo hace de una manera única. De una forma magistral expone que solo el tomar la decisión de perdonar le ayudará a desprenderse del pasado para sanar el presente. Cada vez que escucho al Dr. Hugo Serrano hablar, mi corazón es tocado. El suyo también lo será si lee éste libro."

Elizabeth Rosado de Guidini
Junto a su esposo el Pastor Mauricio Guidini
son los pastores fundadores de las iglesias
"El Sendero de la Cruz".

Desde mi escritorio...

Conozco al Dr. Hugo Serrano por más de veinte años. Ha sido un honor y un privilegio para mí el compartir con este siervo de Dios. Su gran amor por la Iglesia, la sociedad, y nuestra comunidad secular lo han engrandecido. El Dr. Hugo Serrano ha realizado un trabajo de excelencia en este libro. Le he escuchado en conferencias sobre la gran necesidad que tienen los seres humanos de vivir en Paz y Armonía.

El Dr. Hugo Serrano es un Psicoanalista de gran embergadura, y lo deja claro en este libro. Con la problemática social y psicológica que tiene el mundo en el día de hoy, se hace necesario el libro del Dr. Hugo Serrano.

Soy el Pastor Andrés Rosa. He pastoreado por más de cincuenta años, y este libro no solo ayuda al ministerio, sino a toda la sociedad Latinoamericana. El Dr. Serrano como maestro de Ciencias de la Conducta es un colaborador extraordinario. Mi oración y mi Fe es que este libro sea leído, y que los temas expuestos en el sean la tónica para ayudar a todo aquel que lo lea.

Distinguido Amigo, sigue adelante con esta gesta de Bendecir y Educar al pueblo evangélico y secular.

Dr. Andrés Rosa
Puerto Rico

Saludos, soy el Rvdo. Leo De la Rosa:

Por mucho tiempo escuché hablar del Dr. Hugo Serrano, y recibí una inquietud genuina por conocerlo, Dios me dio ese privilegio. El Dr. Hugo Serrano es uno de los conferenciantes más impactantes que he conocido, ya que multitudes de hombres y mujeres han sido restaurados a través del don maravilloso que Dios le ha dado. Hay mucho que aprender de este gran hombre de Dios ya que ha puesto todo en las manos de Dios para ser de bendición para multitudes.

Quiero invitarlo a leer INTERVENCION PASTORAL EN SITUACIONES DE CRISIS una y otra vez y encontrará la respuesta espiritual y profesional que hay encerrada en esta escritura.

Dios le bendiga,
Rvdo. Leo De la Rosa
Evangelista Internacional